Nichts dem Zufall überlassen:

IM ALTER AUSREICHEND VERSORGT SEIN

Ein Fachbuch von
Thomas Erlebach

Fachverlag Denzel+Partner GmbH

Impressum

Thomas Erlebach ist als selbstständiger Unternehmer seit mehr als 30 Jahren in der Versicherungsbranche tätig. Mit seinem Team betreut er deutschlandweit erfolgreich seine Kunden in allen Fragen rund um Sicherheit und Vorsorge. Ein Schwerpunkt liegt dabei auf der nachhaltigen, finanziellen Planung und frühzeitigen Vorbereitung für die Altersvorsorge. Als Regionaldirektor einer großen namhaften Versicherungsgruppe ist er ein kompetenter Fachmann, der sein Wissen und seine Erfahrungen in diesem Fachbuch zusammengestellt hat.

Copyright © 2023 by
Fachverlag Denzel + Partner GmbH,
Markgröningen

Gestaltung, Layout, Grafik:
BM Design, G. Koch, Stuttgart

Druck und Verarbeitung:
GO Druck & Media GmbH & Co. KG,
Kirchheim unter Teck

Haftungsausschluss:
Die Inhalte des Fachbuchs wurden mit größter Sorgfalt erstellt. Alle Angaben sind ohne Gewähr. Für die Richtigkeit, Vollständigkeit und Aktualität des Inhalts können wir keine Haftung übernehmen.

ISBN 978-3-930784-15-8

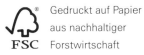

Gedruckt auf Papier aus nachhaltiger Forstwirtschaft

Inhalt

6 .... Vorwort von Thomas Erlebach

10 .... Strategie für den nachhaltigen
Aufbau der eigenen Altersvorsorge

12 .... Risiken auf dem Weg bis zum
Ruhestand

14 .... Demografischer Wandel

16 .... Die Gefahr von Armut im Alter steigt

18 .... Das 3-Schichten-Modell als
Fundament der Altersvorsorge

22 .... Die gesetzliche Rentenversicherung

27 .... Die Renteninformation

34 .... Selbstständige und gesetzliche
Rentenversicherung

42 .... Handwerker und gesetzliche
Rentenversicherung

4   Inhalt

45 .... Die Riester-Rente

54 .... Berufsständische Versorgungswerke

56 .... Die Rürup- oder Basisrente

63 .... Die betriebliche Altersvorsorge

78 .... Die private Altersvorsorge

84 .... Die persönliche Sicherheits- und
Vorsorge-Analyse

94 .... Besteuerung von Rentnern und
Pensionären

96 .... Die Rentenlücke

98 .... Die eigenen vier Wände

110 ...... Smart Home

116 ...... Das Pflegerisiko nicht verdrängen

125 ...... Erben, schenken, vererben

134 ...... Wichtige Verfügungen

142 ...... Versicherungen für die Altersvorsorge

145 ...... Gesund bleiben

Vorwort von Thomas Erlebach

Als Spezialist für Sicherheit und Finanzen spreche ich mit meinen Kundinnen und Kunden regelmäßig über ihre Altersvorsorge. Denn niemand will im Alter knapp bei Kasse sein. Und die gesetzliche Absicherung allein reicht meist nicht aus, den Lebensstandard zu halten.

Bei vielen meiner Gesprächspartnerinnen und Gesprächspartner löst der Begriff „Altersvorsorge" ähnliche Gefühle aus, wie der nächste Zahnarzttermin: „Es wäre schon wichtig, aber könnten wir das nicht noch einmal verschieben?".

Bei unseren Gesprächen zur Altersvorsorge ergeben sich immer wieder viele Fragen.

Zum Beispiel: Mit welcher Altersrente kann ich rechnen?
Wie sicher ist die Zukunft des gesetzlichen Rentensystems?
Verschiebt sich das Renteneintrittsalter immer weiter nach
hinten? Muss ich dann länger arbeiten? Welche Abschläge
gibt es, wenn ich früher in Rente gehe? Und last but not
least stellt sich die entscheidende Frage: Reichen meine
Einkünfte aus, um meinen Ruhestand genießen zu können?

Mein Eindruck: Die Unsicherheit rund um das Thema
„Finanzielle Absicherung im Alter" ist groß.

Meine Empfehlung: Je früher Sie damit beginnen, sich gezielt und systematisch mit dem Thema zu befassen, umso
besser. Denn die Vorsorge für später ist eine individuelle,
persönliche Aufgabe, die auf mögliche veränderte Ziele,
Wünsche und Lebensumstände anzupassen ist.

Für eine kurze Ist-Analyse helfen einige grundsätzliche Gedanken:

- Welche Wünsche und Ziele habe ich für meinen Ruhestand?

- Wieviel Geld benötige ich dafür und wie sieht mein aktueller finanzieller Background aus?

- Mit welchen Einkünften kann ich im Alter rechnen: aus der gesetzlichen Rentenversicherung, Betriebsrenten, sonstigen Vermögenswerten, Einnahmen aus Vermietung und Verpachtung, Erbschaften etc.?

- Welche Ausgaben kommen im Ruhestand auf mich zu? Habe ich Versorgungslücken und wie kann ich sie ggf. schließen?

- Was kann ich mit staatlicher Unterstützung tun, um für den Ruhestand vorzusorgen? Welche private Vorsorge ist zu empfehlen?

Wie sieht mein aktuelles Altersvorsorge-Konzept konkret aus? Was sollte ich verändern, ergänzen oder anpassen?

Mein Fachbuch unterstützt und begleitet Sie auf dem Weg zu einer sicheren Versorgung im Alter.

Dazu wünsche ich Ihnen
viel Erfolg und alles Gute.

Ihr Thomas Erlebach

Strategie für den nachhaltigen Aufbau der eigenen Altersvorsorge

Zu empfehlen ist, sich früh mit dem Thema der Versorgung im Alter zu befassen. Um den Lebensstandard im Ruhestand abzusichern gilt: Wer früh plant, hat gute Chancen für ein eigenes Konzept, das flexibel auf veränderte Situationen angepasst werden kann.

Fest steht, die gesetzliche Rentenversicherung alleine wird in Zukunft nicht mehr ausreichen. Je nach den Ansprüchen und Wünschen im Alter ergeben sich bei den meisten finanzielle Lücken.

Die Rentenbezüge liegen aktuell bei durchschnittlich rund 48 Prozent des letzten Nettoeinkommens. Dieser Wert sinkt weiter kontinuierlich, wie das Statistische Bundesamt berechnet hat.

Wer an seine finanzielle Versorgung im Alter denkt, fragt sich natürlich, wieviel Geld er für den Ruhestand benötigen wird. Hier hat sich die Faustregel bewährt: Arbeitnehmer sollten für ihre Rente rund 60 Prozent des letzten Nettoeinkommens einplanen.

Gerade junge Menschen werden es schwer haben einzuschätzen, ob dieses Ziel zu erreichen ist. Woher sollte man denn wissen, wieviel Geld zu sparen ist, wenn sich die private Situation, das Berufsleben, die eigenen Ansprüche und die persönliche wirtschaftliche Lage immer wieder verändern?

Fest steht: Der Geldbedarf im Alter geht grundsätzlich nicht zurück. Er verändert sich lediglich. In jüngeren Jahren wird Geld benötigt, zum Beispiel für ein familientaugliches Auto, die Kinder oder die Anschaffung einer eigenen Immobilie. Auf den ersten Blick Ausgaben, die im Alter nicht mehr nötig sind und finanziell entlasten. Doch dies kann trügerisch sein. Zum Beispiel dann, wenn durch eine notwendig werdende Pflege oder Krankheit unvorhergesehene Kosten entstehen.

Risiken auf dem Weg bis zum Ruhestand

Im Laufe eines Lebens passieren oft einige unvorhersehbare Dinge. Neue Risiken können entstehen, die nicht immer restlos zu beseitigen sind. Möglich ist aber eine vorausschauende, zukunftsorientierte Sichtweise. Sie eröffnet Chancen, um bestimmte Risiken abzufedern. Zum Beispiel:

- Vorsorge treffen für Hinterbliebene.

- Rücklagen bilden für finanzielle Engpässe, damit die Altersvorsorge nicht gefährdet ist. Als Polster sollten zwei bis drei Monatsgehälter zur Verfügung stehen.

▪ Die allgemeine Lebenserwartung steigt und liegt nach Berechnungen des Statistischen Bundesamts bis zum Jahr 2030 für Männer bei 80,4 Jahren und für Frauen bei 84,8 Jahren. Dieser positive Trend wird zu höheren Kosten für die Gesundheit führen. Wer auch im Alter bei Krankheit gut versorgt sein will, sollte sich eine entsprechende Krankenversicherung leisten.

▪ Je nach persönlicher Lebenssituation sind existenzielle Risiken für die Zeit bis zum Ruhestand zu überdenken. Zum Beispiel:

··· Verdienstausfall bei Berufs- und Erwerbsunfähigkeit
··· Haftpflicht für Schäden, die anderen zugefügt werden
··· Schutz der eigenen vier Wände gegen Feuer, Einbruch-Diebstahl u.ä.
··· Unfälle in der Freizeit, im Urlaub, bei Sport und Hobby
··· Gefahren für das Eigenheim

Der demografische Wandel

Alter	Männer	Frauen
100+	0,0 %	0,0 %
95 – 99	0,1 %	0,2 %
90 – 94	0,3 %	0,6 %
85 – 89	0,9 %	1,4 %
80 – 84	1,6 %	2,2 %
75 – 79	1,9 %	2,3 %
70 – 74	2,2 %	2,6 %
65 – 69	2,9 %	3,2 %
60 – 64	3,6 %	3,7 %
55 – 59	4,1 %	4,1 %
50 – 54	3,6 %	3,6 %
45 – 49	3,0 %	2,6 %
40 – 44	3,1 %	3,1 %
35 – 39	3,4 %	3,2 %
30 – 34	3,3 %	3,0 %
25 – 29	3,0 %	2,7 %
20 – 24	2,8 %	2,5 %
15 – 19	2,5 %	2,3 %
10 – 14	2,3 %	2,2 %
5 – 9	2,4 %	2,3 %
0 – 4	2,5 %	2,4 %

4 %　　2 %　　0　　2 %　　4 %

Männer　　Frauen

Deutschland 2022
Bevölkerung: 83.883.587

Quelle: PopulationPyramid.net

Die Veränderungen in der Bevölkerungsstruktur eines Landes werden als demografischer Wandel bezeichnet. Berücksichtigt werden dabei die Bevölkerungsentwicklung, die Altersstruktur sowie die Geburten- und Sterberate.

Neben den positiven Aspekten, wie der höheren Lebenserwartung, bringt der demografische Wandel in Deutschland auch enorme Herausforderungen mit sich. Zum Beispiel: Die Gesellschaft wird immer älter. Die Anzahl jüngerer nachkommender Generationen geht zurück. Die Sozialversicherungs-Systeme kommen unter Druck, besonders schwierig wird es für die gesetzliche Rentenversicherung. Durch das Umlageverfahren müssen die Altersrenten von jüngeren Generationen erarbeitet werden. Verwendet werden die Beiträge für die gesetzliche Rentenversicherung, die aktuell von den Arbeitgebern und Arbeitnehmern über einen festgesetzten Beitragssatz gemeinsam einbezahlt werden.

Im demografischen Wandel ist auch die Pflegeversicherung als Teil der Sozialversicherung stark betroffen. Die Menschen werden älter und die Anzahl pflegebedürftiger Menschen nimmt zu. Plätze für die Unterbringung in Heimen sind knapp und teuer. Die Kosten dafür kann die gesetzliche Pflegeversicherung nur zu einem Teil abdecken.

Die Gefahr von Armut im Alter steigt

Das Statistische Bundesamt stellt aktuell fest: Die Quote der Armutsgefährdung bei den über 65-Jährigen ist gestiegen. Im Jahr 2018 lag der Wert bei 14,7 %. In 2021 waren es bereits 17,4 %.

Demnach ist jeder sechste Bundesbürger über 65 Jahre armutsgefährdet. Er verfügt über weniger als 60 % des mittleren Durchschnitts-Einkommens der Bevölkerung. Dieses Einkommen lag nach Angaben des Statistischen Bundesamts in 2021 für Alleinlebende bei 1.251,00 Euro monatlich.

Insbesondere Frauen schneiden schlecht ab. Hier lag die Armutsgefährdungs-Quote in 2018 bei Frauen über 65 Jahren bei 16,4 %. Inzwischen sind es 19,3 %. Bei den Männern haben sich die Quoten im gleichen Zeitraum von 12,7 % auf 15,1 % erhöht.

Noch gefährdeter als Senioren sind die 18- bis 25-Jährigen mit einer Armutsgefährdungs-Quote von 25,5 %.

Für viele Menschen ist die gesetzliche Rente allein zu gering, um den Ruhestand finanziell abzusichern und den gewohnten Lebensstandard zu erhalten.

Die meisten Bundesbürger haben schon heute deutliche Versorgungslücken. Interessant sind in diesem Zusammenhang die Ergebnisse des „Financial Freedom Reports 2022". Befragt wurden 2.500 Bundesbürgerinnen und Bundesbürger. Ergebnis: Finanziell unabhängig zu sein ist für 60 % der Menschen in Deutschland ein elementarer Aspekt von Freiheit. Bei den 18- bis 29-Jährigen sind es sogar 76 %.

Das 3-Schichten-Modell als Fundament der Altersvorsorge

Die Voraussetzungen für den Aufbau eines ausreichenden Einkommens im Alter sind unterschiedlich. Ziel muss sein, frühzeitig einen „Fahrplan" zu entwickeln, der auf individuelle Bedürfnisse und Möglichkeiten zugeschnitten ist.
Zu prüfen ist, welche finanziellen Mittel zur Verfügung stehen und welche Anlageformen zur momentanen Lebenssituation passen. Aus den angebotenen Möglichkeiten ist die optimale Mischung herauszufinden.

Das 3-Schichten-Modell der Altersvorsorge bietet dafür eine gute Grundlage.

Altersvorsorge in drei Schichten

Schicht 3
Privatvorsorge / sonstige Altersvorsorge
Z.B.: Private Rentenversicherung, Kapitallebens-
versicherung, Fondsgebundene Lebensversicherung

Schicht 2
Kapitalgedeckte Privatvorsorge
Riester Rente,
Betriebliche Altersvorsorge (Direktversicherung)

Schicht 1
Basisvorsorge
Gesetzliche Rentenversicherung (RV),
Basisrente (Rürup-Rente)

Kernpunkt der Vorsorge-Reform war die Umstellung der gesetzlichen
und der staatlich geförderten Vorsorge der ersten beiden Schichten auf
eine nachgelagerte Besteuerung.

Schicht 1

Die Basisvorsorge

Dazu gehören die **gesetzliche Rentenversicherung,
berufsständische Versorgungswerke, Beamtenversorgung,
landwirtschaftliche Alterskassen** und die steuerlich
geförderte **Rürup-Rente**.

Schicht 2

Kapitalgedeckte Privatvorsorge

Dazu gehören die **Riester-Rente** und die **betriebliche
Altersvorsorge** (Direktversicherung).

Bei der **Riester-Rente** gibt es drei unterschiedliche Vertrags-
formen: Riester-Rentenversicherungen, Wohn-Riester-
verträge und Riester-Fondssparpläne.

Mit der **betrieblichen Altersvorsorge** baut der Arbeitgeber eine Zusatzrente für seine Beschäftigten auf. Bei der „klassischen Version" zahlt der Arbeitgeber die Beiträge. Über die „Version einer Entgeltumwandlung" werden Teile des Bruttoentgelts in die Betriebsrente eingezahlt.

Schicht 3

Privatvorsorge / sonstige Altersvorsorge

Dazu gehören alle Vertragsmöglichkeiten für eine private Altersvorsorge ohne staatliche Förderung. Dies sind **private Renten- oder Lebensversicherungen**, die klassisch oder fondsgebunden sind. Die Beiträge sind vom Nettoeinkommen zu bezahlen.

Die gesetzliche Rentenversicherung

Neben der Arbeitslosen-, Kranken-, Pflege- und Unfall-versicherung ist die gesetzliche Rentenversicherung ein wichtiger Teil der Sozialversicherung in Deutschland.

Bereits 1889 wurde ein gesetzliches Sicherungs-System beschlossen. Arbeiter bzw. Erwerbstätige sollten gegen Krankheit, Unfall, Invalidität und für das Rentenalter finanziell abgesichert werden. Dies war die Geburtsstunde der gesetzlichen Rentenversicherung.

So funktioniert die gesetzliche Rentenversicherung

Zusammen mit den Arbeitgebern zahlen versicherungspflichtige Mitglieder festgelegte Beitragssätze als monatliche Beiträge an die gesetzliche Rentenversicherung. Die eingehenden Gelder werden unmittelbar dazu verwendet, Rentenleistungen auszuzahlen.

Monatlich sollten also genügend Beiträge eingehen, um die Zahlungen an die Rentner und Rentnerinnen zu gewährleisten. Der demografische Wandel bringt dieses Modell in Bedrängnis: Durch die schrumpfende und alternde Bevölkerung gibt es weniger junge Beitragszahler, die eine steigende Anzahl von Renten finanzieren müssen.

Für den größten Teil der Bevölkerung ist die gesetzliche Rente die wichtigste Einnahmequelle im Alter. Es ist davon auszugehen, dass in Zukunft die gesetzliche Rente langsamer wachsen wird als die Löhne. Dies hat Folgen für die persönliche Altersvorsorge.

Zu empfehlen ist, zusätzlich Geld in eine ergänzende Altersvorsorge zu investieren. Der Staat fördert dies mit Zulagen und bietet Möglichkeiten zum steuerlichen Sonderausgabenabzug. Zum Beispiel bei der Riester-Rente. Oder im Rahmen der betrieblichen Altersversorgung mit der steuerfreien Umwandlung von Gehaltsteilen. Mit der Basis- oder Rürup-Rente ist eine weitere Form der staatlich geförderten Altersvorsorge möglich.

In Deutschland sind grundsätzlich alle Arbeitnehmer einschließlich der Auszubildenden in der gesetzlichen Rentenversicherung pflichtversichert. Außerdem sind bestimmte Gruppen von Selbstständigen versichert, zum Beispiel: Handwerker, Künstler und Publizisten.

Folgende Aufgaben gehören zur gesetzlichen Rentenversicherung:

Rentenleistungen

- Renten wegen Alters (Regelaltersrente, Altersrente für
  langjährig Versicherte, Altersrente für besonders lang-
  jährig Versicherte, Altersrente für schwerbehinderte
  Menschen sowie die Altersrente für langjährig unter
  Tage beschäftigte Bergleute).
- Renten wegen verminderter Erwerbsfähigkeit (Rente
  wegen teilweiser oder voller Erwerbsminderung, Rente
  für Bergleute).
- Renten wegen Todes (Witwen- oder Witwerrente,
  Waisenrente und Erziehungsrente).

Präventions- und Rehabilitationsleistungen

- Leistungen zur medizinischen Rehabilitation.
- Leistungen zur Teilhabe am Arbeitsleben.
- Entwöhnungsbehandlungen.
- Onkologische Rehabilitation.
- Rehabilitation für Kinder.
- Unterhaltssichernde Leistungen.

Leistungen und Finanzierung der Rentenversicherung

Wie wird die Rente in Deutschland finanziert?

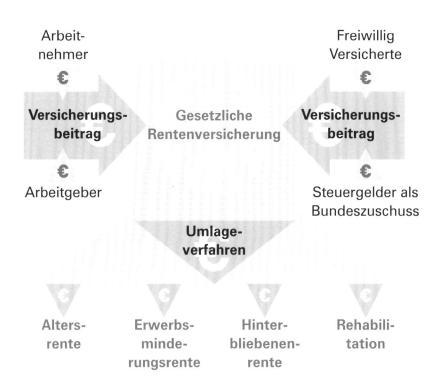

Die Renteninformation

Verschickt wird die Renteninformation an alle Versicherten, die über 27 Jahre alt sind und mindestens fünf Jahre Beitragszeiten in ihrem Rentenkonto gespeichert haben.

Versicherte ab dem 55. Lebensjahr und die mindestens fünf Jahre in die gesetzliche Rentenversicherung eingezahlt haben, erhalten alle drei Jahre eine ausführliche, schriftliche Rentenauskunft. Darin sind neben dem Versicherungsverlauf auch Informationen zu den einzelnen Rentenarten enthalten.

Die Renteninformation gibt konkrete Antworten auf
folgende Fragen:

Wann beginnt meine Regelaltersrente?

Zu Beginn des Schreibens finden Sie Ihr Renteneintritts-
datum. Also den Zeitpunkt, ab dem Sie Ihre Regelaltersrente
beziehen können.

Hinweis: Wer vorzeitig in Rente geht, muss mit hohen
Abschlägen rechnen. Pro Monat, den ein Versicherter früher
aus dem Erwerbsleben ausscheidet, zieht die Deutsche
Rentenversicherung 0,3 Prozent vom Rentenanspruch ab.
Maximal können die Rentenabschläge 10,8 Prozent betragen.

Wie hoch ist mein aktueller Anspruch auf Erwerbsminderungsrente?

Angegeben ist die Höhe der vollen Erwerbsminderungsrente. Also die monatliche Rente, die Sie erhalten würden, wenn Sie aus gesundheitlichen Gründen ab sofort aus dem Erwerbsleben ausscheiden.

Hinweis: Die Rente wegen teilweiser Erwerbsminderung ist halb so hoch wie die Rente wegen voller Erwerbsminderung.

Wie hoch ist mein bisher erworbener Anspruch auf die Altersrente?

In der Mitte des Schreibens steht Ihr bisher erworbener Rentenanspruch. Dieser Betrag bezieht sich auf die Summe, die Sie bisher in die Rentenkasse einbezahlt haben.

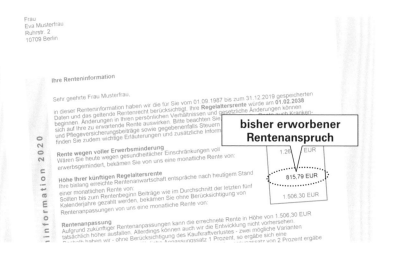

▓ Wie hoch wird meine zukünftige Rente ausfallen?

Der genannte Betrag zeigt die voraussichtliche Rente, wenn Sie bis zur Regelaltersgrenze für das gleiche Gehalt weiter arbeiten. Zugrunde liegt das durchschnittliche Gehalt der vergangenen fünf Jahre.

Hinweis: Unter dem Punkt „Rentenanpassung" schätzt die Deutsche Rentenversicherung, wie hoch die Rente ausfallen würde, wenn sie jährlich um ein bzw. zwei Prozent erhöht wird.

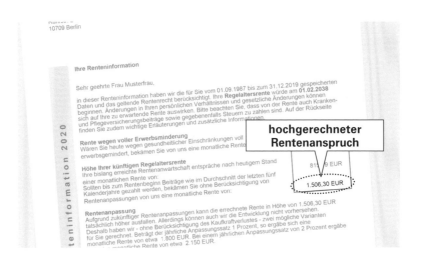

▨ **Brutto oder netto?**

Die angegebene Rente ist ein Bruttobetrag. Netto haben Versicherte im Alter weniger in der Tasche. Vom genannten Betrag werden Beiträge zur Kranken- und Pflegeversicherung abgezogen. Darüber hinaus muss die Rente unter Umständen versteuert werden.

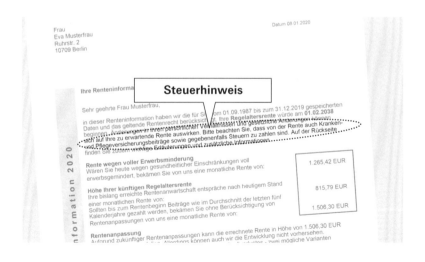

Wie viele Rentenpunkte habe ich bisher erworben?

Auf der Rückseite des Schreibens erfahren Sie, wie hoch der aktuelle Wert eines Rentenpunkts ist und wie viele Rentenpunkte Sie angesammelt haben. Die Rentenpunkte bilden die Berechnungsgröße für Ihre Rente.

Hinweis: Auf der Grundlage des durchschnittlichen Einkommens aller Erwerbstätigen sowie des eigenen Einkommens, werden die Rentenpunkte berechnet. Das Durchschnittseinkommen wird jährlich neu ermittelt. Ist Ihr eigenes Jahresbruttoeinkommen so hoch wie das durchschnittliche Einkommen aller Sozialversicherten in Deutschland, entspricht das einem Rentenpunkt. Der Wert eines Rentenpunktes wird jährlich zum 1. Juli angepasst.

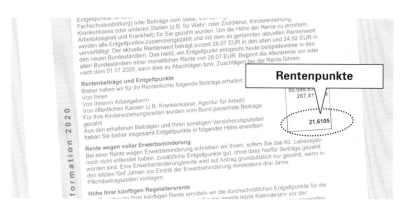

Selbstständige und gesetzliche Rentenversicherung

Selbstständig Tätige benötigen zur Absicherung ihrer Familie sowie über die Zeit nach dem Berufsleben, für das Alter und den Fall einer Erwerbsminderung ein besonders tragfähiges Konzept.

Über die gesetzliche Rentenversicherung sind einige Selbstständige automatisch versichert. Zum Beispiel: Selbstständige Lehrer, Pflegepersonen, Handwerker, Tagesmütter, Hebammen. Sie können die Versicherungspflicht beantragen oder sich freiwillig versichern.

Scheinselbstständig – ja oder nein?

Wenn ein Auftraggeber oder ein Geschäftspartner eine Tätigkeit vertraglich als selbstständig bezeichnet, die Person aber wie ein Arbeitnehmer im Beschäftigungsverhältnis arbeitet, liegt keine Selbstständigkeit vor.

Mit der Konsequenz: Sie sind im Sinne der Rentenversicherung scheinselbstständig und unterliegen der Sozialversicherungspflicht.

Die Deutsche Rentenversicherung beurteilt eine Scheinselbstständigkeit nach folgenden Merkmalen:

- Die Anweisungen des Auftraggebers sind zu befolgen.

- Bestimmte Arbeitszeiten sind einzuhalten.

- Dem Auftraggeber sind in kurzen Abständen regelmäßig detaillierte Berichte abzuliefern.

- Es wird in den Räumen des Auftraggebers oder an von ihm bestimmten Orten gearbeitet.

- Bestimmte Hard- und Software wird benutzt, damit Kontrollmöglichkeiten des Auftraggebers möglich sind.

Im Zweifelsfall und um sicher zu gehen, ob eine selbstständige Tätigkeit oder eine abhängige Beschäftigung vorliegt, kann man den versicherungsrechtlichen Status von der Clearingstelle der Deutschen Rentenversicherung Bund in 10704 Berlin prüfen lassen.

Selbstständige mit Versicherungspflicht in der gesetzlichen Rentenversicherung

Für folgende Berufsgruppen besteht in der Deutschen Rentenversicherung Versicherungspflicht:

- Selbstständige Lehrer und Erzieher

- Pfleger in der Kranken-, Wochen-, Säuglings- oder Kinderpflege

Hinweis: Selbstständige Lehrer, Erzieher oder Pflegepersonen sind nur dann selbst versicherungspflichtig, solange sie keine versicherungspflichtigen Arbeitnehmer beschäftigen.

- Hebammen und Entbindungs-Pfleger

- Seelotsen, Küstenschiffer und Küstenfischer

- Künstler und Publizisten

- Selbstständige mit nur einem Auftraggeber

Wer feststellt, dass er versicherungspflichtig ist, muss sich innerhalb von drei Monaten bei der Deutschen Rentenversicherung melden.

Berufsgruppen, für die es ein eigenes Versorgungswerk gibt, können sich von der Versicherungspflicht befreien lassen.

Beitragshöhe für versicherungspflichtige Selbstständige

Für versicherungspflichtige Selbstständige legt die Deutsche Rentenversicherung einen Regelbeitrag fest.
Dieser beträgt im Jahr 2023 in den neuen Bundesländern monatlich 611,94 Euro, in den alten Bundesländern monatlich 631,47 Euro.

Wer sein Unternehmen gerade erst gegründet hat, kann auf Wunsch in den ersten drei Kalenderjahren nach der Existenzgründung nur den halben Regelbeitrag einzahlen.

Wann es für Selbstständige möglich ist, sich von der Versicherungspflicht befreien zu lassen

Wer eine Befreiung von der Versicherungspflicht beantragen kann:

- Handwerker, die mindestens 216 Monate (= 18 Jahre) Pflichtbeiträge einbezahlt haben.

- Existenzgründer für die ersten drei Jahre nach Beginn der Selbstständigkeit, auch wenn zunächst nur für einen Auftraggeber gearbeitet wird. Voraussetzung: Die Versicherungspflicht besteht zum ersten Mal.

Zwei Möglichkeiten für Selbstständige, der gesetzlichen Rentenversicherung beizutreten

Erste Möglichkeit: Freiwillig mit frei wählbaren Beiträgen einzusteigen. Oder zweitens: Innerhalb der ersten fünf Jahre der Selbstständigkeit einen Antrag auf Pflichtversicherung zu stellen.

1. Freiwillige gesetzliche Rentenversicherung

- Monatlich wird ein Betrag zwischen 96,72 Euro und 1.357,80 Euro (Stand 2023) einbezahlt.

- Je nach finanzieller Lage können die Beitragszahlungen erhöht, reduziert oder vorübergehend eingestellt werden.

- Die Höhe der Rente hängt von den Einzahlungen ab.

- Ein Anspruch auf Grundrente, Rehabilitationsleistungen oder Erwerbsminderungsrente besteht nicht.

2. Pflichtversicherung auf Antrag

Die Ansprüche sind denen von Angestellten ähnlich.

Der Regelbetrag kann einbezahlt werden. Er liegt in 2023 bei monatlich 611,94 Euro (neue Bundesländer) bzw. 631,47 Euro (alte Bundesländer).

Existenzgründer können sich in den ersten drei Jahren für den halben Regelbetrag entscheiden.

Handwerker und gesetzliche Rentenversicherung

Selbstständige Handwerker sind dann in der gesetzlichen Rentenversicherung versicherungspflichtig, wenn sie in die Handwerksrolle eingetragen sind und tatsächlich selbstständig arbeiten.

Dazu gehören auch Handwerker, die Gesellschafter einer eingetragenen Personengesellschaft sind – GbR, KG, OHG.

Inhaber oder Gesellschafter werden nur dann in die Rentenversicherungspflicht einbezogen, wenn sie den handwerksrechtlichen Befähigungsnachweis, z.B. den Meistertitel, besitzen.

Von der Versicherungspflicht ausgeschlossen sind Handwerker, die für einen handwerklichen Nebenbetrieb bzw. eine Kapitalgesellschaft, z.B. GmbH, eingetragen sind.

Beginn und Ende der Versicherung

Die Versicherung beginnt nach Eintragung in die Handwerksrolle dann, wenn die selbstständige Tätigkeit aufgenommen wird. Sie besteht grundsätzlich für die gesamte Dauer der selbstständigen Tätigkeit.

Mit der Löschung aus der Handwerksrolle endet die Versicherung. Außerdem endet sie auf Antrag, wenn für mindestens 18 Jahre bzw. 216 Monate Pflichtbeiträge entrichtet wurden.

Für die ersten drei Kalenderjahre nach Aufnahme der selbstständigen Tätigkeit ist der halbe Regelbeitrag zu bezahlen. Im Jahr 2023 liegt dieser in den neuen Bundesländern bei monatlich 305,97 Euro und in den alten Bundesländern bei monatlich 315,74 Euro.

Leistungen der Versicherung

Hilfe bei Krankheit:
Medizinische Maßnahmen zur Rehabilitation.

Schutz bei Erwerbsminderung:
Rente wegen Erwerbsminderung unter bestimmten Voraussetzungen.

Wirtschaftliche Absicherung von Hinterbliebenen und im Alter:
Unter Umständen haben Hinterbliebene einen Anspruch auf Witwen- und Waisenrente.
Die Pflichtbeiträge können aber auch zu einem Anspruch auf Regelalters- oder vorgezogene Altersrente führen.

Die Riester-Rente

Die Riester-Rente ist eine Form der privaten Altersvorsorge, wie auch die Rürup-Rente und die betriebliche Altersvorsorge (bAV). Wer „riestert", muss zu einem gesetzlich festgelegten Personenkreis zählen.

In der Ansparphase wird mit direkten Zulagen gefördert. Im Rahmen der Einkommensteuer-Erklärung ist es möglich, die gesamte Sparleistung als Sonderausgabe abzusetzen, um Steuerersparnisse zu erzielen.

Die Rente ist einkommensteuerpflichtig. Wurde der Vertrag ab dem Jahr 2012 geschlossen, besteht ein Rentenanspruch frühestens ab dem 62. Lebensjahr.

Als **Geld-Riester** werden Sparverträge bezeichnet, aus denen ab Rentenbeginn eine lebenslange Rente bezahlt wird. Förderfähige Anlagen sind:

- Riester-Banksparpläne
- Riester-Investmentfonds-Sparpläne
- Riester-Rentenversicherungen
- im Ansparprozess auch Riester-Bausparverträge

Die Auszahlung kann erfolgen:

- als eine lebenslange Leibrente oder

- im Rahmen eines Auszahlungsplans mit einer Teilkapital-Verrentung ab dem vollendeten 85. Lebensjahr

Unter **Wohn-Riester** versteht man die Finanzierung vom Sparer selbst genutzter Immobilien. Möglich sind:

- Riester-Annuitätendarlehen
- Riester-Kombifinanzierungen
- Riester-Bauspardarlehen
- Entnahme von Kapital aus bestehenden Geld-Riesterverträgen

Beim Abschluss eines Riester-Vertrages spielen nicht nur der Wunsch nach Rentenzahlungen oder die Finanzierung einer Immobilie eine Rolle. Zu bedenken ist, wie es um die individuelle Risikobereitschaft steht und wie die Ertrags-Chancen aussehen. Nicht zuletzt sind auch die anfallenden Kosten zu berücksichtigen.

Wichtige Aspekte vor einer Entscheidung

- Die Kosten für einen Vertrag genau prüfen. Die staatliche Förderung kann sehr schnell beim Anbieter landen und nicht auf dem Sparvertrag.

- Leistungen vergleichen: Bei Riester-Rentenversicherungen die ausgewiesene garantierte Rente, bei Riester-Banksparplänen die ausgewiesene Erwartungsrendite. Nur auf diese besteht ein Anspruch.

- Intransparente Riester-Fondssparpläne unbedingt meiden. Das gilt auch für Sparpläne, die statt Ausgabeaufschlägen Abschlusskosten vorsehen, die in den ersten fünf Jahren für die gesamte Laufzeit komplett zu bezahlen sind.

- Den Abschluss eines Riester-Bausparvertrags nur dann erwägen, wenn mittelfristig ein Immobilienerwerb geplant ist.

Wer erhält die staatliche Förderung

Der Gesetzgeber unterscheidet zwischen **unmittelbar, mittelbar** und **nicht Förderberechtigten**.

Unmittelbar Förderberechtigte

- Rentenversicherungspflichtige Arbeitnehmer, Beamte, Richter, Soldaten, Amtsträger, freiwillig Wehrdienstleistende, Personen im Bundesfreiwilligendienst.

- Bezieher von Arbeitslosengeld, ALG-II-Empfänger, Bezieher von Krankengeld, vollständig erwerbsgeminderte oder dienstunfähige Personen, Bezieher von Vorruhestandsgeld, sofern diese vorher pflichtversichert waren, und über die Künstlersozialkasse versicherte Künstler.

- Nichterwerbsmäßig tätige Pflegepersonen, z.B. bei Pflege von Angehörigen.

- Geringfügig Beschäftigte – Minijobber – die eigene Sozialversicherungsbeiträge leisten.

Erziehende bis zur Vollendung des dritten Lebensjahres des Kindes.

Besonderheiten für Beamte:
Wer keine Sozialversicherung aus einem früheren Arbeitsverhältnis hat, muss eine sogenannte Zulagennummer bei seiner Dienststelle beantragen. Außerdem muss die Versorgungsstelle ermächtigt werden, die Daten über die Dienstbezüge der Zentralen Zulagestelle für Altersvermögen bei der Deutschen Rentenversicherung Bund mitzuteilen. Seit 2005 müssen die Anbieter einen Kunden, der Beamter ist, über diese Zustimmungspflicht informieren.

Mittelbar Förderberechtigte

Ehepartner aller unmittelbar Zulageberechtigten. Vorausgesetzt, sie sind selbst nicht förderberechtigt. Dazu zählen auch Partner in eingetragenen Partnerschaften.

Mittelbar Förderberechtigte werden mit Zulagen gefördert, wenn sie einen eigenen Sparvertrag abschließen. Dazu muss der unmittelbar förderberechtigte Partner seinerseits einen Riestervertrag abschließen, für den er eigene Mittel aufwendet.

- Seit 2012 müssen mittelbar Förderberechtigte selbst mindestens 60,– Euro jährlich sparen. Ohne diesen Eigenbeitrag gibt es keine Förderung.

Nicht Förderberechtigte

- Selbstständige ohne Pflicht zur Rentenversicherung.

- Pflichtversicherte in Einrichtungen der berufsständischen Versorgung (Ärzte, Apotheker, Tierärzte, Architekten, Rechtsanwälte – sogenannte verkammerte Berufe).

- Bezieher von Renten wegen teilweiser Erwerbsminderung ohne rentenversicherungspflichtige Beschäftigung oder Tätigkeit.

- Geringfügig Beschäftigte – Minijobber – die keine eigenen Sozialversicherungsbeiträge leisten.

- Studenten, die nicht rentenversicherungspflichtig beschäftigt sind.

Wie wird gefördert?

Die Riesterförderung besteht aus der Grundzulage, den Kinderzulagen sowie eventuell den Steuerersparnissen durch den Abzug der Sonderausgaben.

Die Kinderzulage erhält der Zulagenberechtigte für Kinder, die Anspruch auf Kindergeld haben, maximal bis zur Vollendung des 25. Lebensjahres.

Grund- und Kinderzulagen

··· Grundzulage je Förderberechtigtem   175,00 Euro
··· Kinderzulage: Geburt des Kindes vor 2008   185,00 Euro
··· Kinderzulage: Geburt des Kindes ab 2008   300,00 Euro
··· Einmaliger Berufseinsteiger-Bonus   200,00 Euro

Steuerersparnisse durch den Abzug als Sonderausgaben

Die gesamte Sparleistung kann von unmittelbar Förderberechtigten als Sonderausgabe über die Einkommensteuererklärung für das jeweilige Beitragsjahr geltend gemacht werden. Sie beträgt pro Steuerpflichtigem, der unmittelbar förderberechtigt ist, maximal 2.100,00 Euro.

- Das Finanzamt berücksichtigt die Höhe des Anspruchs auf Zulagen automatisch.

- Eine Steuererstattung, die über den Anspruch auf Riester-Zulagen hinausgeht, wird ausgezahlt bzw. mit eventuellen Steuerschulden verrechnet.

Lohnt sich eine Riester-Rente?

Ob sich eine Riester-Rente lohnt oder nicht, ist abhängig von den Kosten und Gebühren des Vertrags und der Höhe der garantierten Zinsen.

Die Zinsen sind in den vergangenen Jahren deutlich gesunken. Seit dem 1. Januar 2022 liegt der Zins für neue Vertragsabschlüsse nur noch bei 0,25 Prozent. Daraus ergeben sich keine hohen Erträge. Ein Ergebnis knapp oberhalb der gesetzlichen Beitragsgarantie zum Beginn der Auszahlungsphase ist wahrscheinlich.

Bei der Entscheidung kommt es auf die Wahl des Produktes sowie auf die persönliche Einstellung zu Sicherheit und Risiko an. Klar ist: Bei den in Aussicht gestellten Renditen handelt es sich um Prognosen. Ob diese eintreten oder nicht, ist ungewiss.

Fazit:
Der Abschluss eines Riestervertrags sollte gut überlegt werden. Er kann für Förderberechtigte mit niedrigem bis mittlerem Einkommen und einer hohen Förderquote sinnvoll sein.

Berufsständische Versorgungswerke

Die Berufsständischen Versorgungswerke leisten Alters-, Berufsunfähigkeits- und Hinterbliebenen-Renten für folgende Berufsgruppen: Ärzte, Zahnärzte, Tierärzte, Apotheker, Architekten, Notare, Rechtsanwälte, Wirtschaftsprüfer, Vereidigte Buchprüfer, Steuerberater, Ingenieure und Psychotherapeuten. Die Mitgliedschaft ist gesetzlich vorgeschrieben.

Aktuell gibt es 90 öffentlich-rechtliche Pflichtversorgungs-Einrichtungen mit insgesamt mehr als 1 Mio. beitragszahlenden Mitgliedern. Sicher gestellt wird die Pflichtvorsorge der Mitglieder im Rahmen der Alters-, Berufs- und Hinterbliebenen-Versorgung.

Die Höhe des Beitrags legt jedes Versorgungswerk selbst fest. Je nach Versorgungswerk sind diese unterschiedlich. Meistens orientiert sich der Beitragssatz an der gesetzlichen Rentenversicherung. Grundlage für die zahlenden Beiträge sind die monatlichen Einkünfte des Mitglieds.

Besonders zu beachten ist:

Einen Anspruch auf die Berufsunfähigkeitsrente hat ein versichertes Mitglied nur dann, wenn die Zulassung für den Beruf zurückgegeben wird. Für Ärzte und Rechtsanwälte bedeutet das den dauerhaften Verlust ihrer Tätigkeit.

Ärzte und Rechtsanwälte sollten sich deshalb gegen dieses Risiko privat absichern.

Mit der Aufnahme in die jeweilige Kammer ist der Eintritt in das Versorgungswerk automatisch Pflicht. Dies gilt auch für Angestellte der Berufsgruppen, die gleichzeitig in der gesetzlichen Rentenversicherung pflichtversichert sind. Damit keine Beiträge doppelt zu bezahlen sind, können sie sich von der Versicherungspflicht in der gesetzlichen Rentenversicherung befreien lassen.

Die Rürup- oder Basis-Rente

Zusammen mit der gesetzlichen Rentenversicherung und den berufsständischen Versorgungswerken ist die Rürup-Rente Teil der Altersvorsorge im 3-Schichten-Modell.

Grundsätzlich können Selbstständige, Angestellte, Beamte und Freiberufler einen Vertrag für eine Basis-Rente abschließen. Sie ist jedoch vor allem interessant für Selbstständige und Freiberufler sowie Personen mit einem höheren Steuersatz bzw. „Besserverdienende", die keine Möglichkeit haben, staatlich geförderte Produkte in Anspruch zu nehmen.

Ein Rürup-Vertrag ist kapitalgedeckt. Im Gegensatz zur gesetzlichen Rente, die über ein Umlageverfahren finanziert wird.

Eingeführt wurde diese Form der privaten Altersvorsorge in 2005. In der Ansparphase ist es möglich, Altersvorsorge-Beiträge als Sonderausgaben bis zu einem bestimmten Höchstbetrag abzuziehen. In 2021 waren es 92 % von maximal 25.787,00 Euro. Im Gegenzug werden die Renten im Alter besteuert.

So funktioniert die Rürup-Rente

Die Beiträge der Rürup-Rente können unter bestimmten Voraussetzungen bei der Steuererklärung als Sonderausgaben angegeben werden. Wichtig ist, dass der Anbieter für den Vertrag über eine staatliche Zertifizierung verfügt.

Für den Fall des vorzeitigen Ablebens, dürfen als Hinterbliebene nur Ehegatten oder Partner einer eingetragenen Lebenspartnerschaft des Steuerpflichtigen vorgesehen sein. Kinder können nur dann berücksichtigt werden, wenn sie Anspruch auf Kindergeld oder einen Kinderfreibetrag haben.

Für einen Rürup-Vertrag sind einige Bedingungen zu erfüllen:

- Es wird eine monatliche, auf das Leben des Steuerpflichtigen bezogene, lebenslange Leibrente bezahlt.

- Bei Vertragsabschlüssen vor dem 1. Januar 2012 wird eine Leibrente ab Vollendung des 60. Lebensjahres ausbezahlt.

- Für Vertragsabschlüsse nach dem 31. Dezember 2011 wird eine Leibrente erst ab Vollendung des 62. Lebensjahres ausbezahlt.

▪ Gegen Zusatzbeiträge können auch Renten im Fall einer
Berufsunfähigkeit oder Erwerbsminderung sowie ein
Schutz für Hinterbliebene vereinbart werden.

Rürup-Rente – so funktioniert die Basisrente

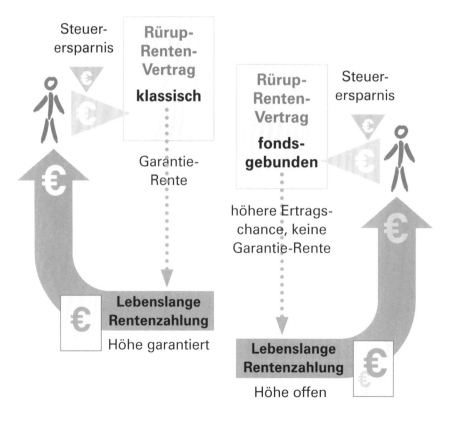

Rürup-Verträge dürfen

··· keine Regelung enthalten, dass bei Tod des Versicherten das nicht verwendete Kapital an Hinterbliebene ausbezahlt wird.

··· nicht auf andere Personen, z.B. durch Schenkung, übertragen werden.

··· während der Laufzeit nicht beliehen, veräußert oder kapitalisiert werden.

Die steuerliche Förderung in der Ansparphase ist stufenweise als Freistellung der Altersvorsorge-Aufwendungen angelegt. Im Jahr 2005, als die Rürup-Rente eingeführt wurde, lag der abzugsfähige Höchstbetrag bei 60 % der entrichteten Beiträge. Dieser Prozentsatz steigt seither um jährlich 2 %. Im Jahr 2025 sind dann 100 % der Beiträge steuerlich absetzbar.

Bis 2014 lag der jährlich abzugsfähige Höchstbetrag bei 20.000 Euro für Ledige. Für gemeinsam veranlagte Verheiratete bei 40.000 Euro. Die Grenzen wurden seit 2015 angehoben. Sie liegen in 2021 für Ledige bei 25.787 Euro, für gemeinsam veranlagte Verheiratete bei 51.574 Euro.

Welche Rürup-Produkte gibt es?

Als förderfähige Anlagen sind möglich:

- klassische Rürup-Rentenversicherungen

- fondsgebundene Rürup-Rentenversicherungen, auch als Variante mit Garantie

- Rürup-Fondssparpläne

Die Produkte werden von Versicherungs- und Kapitalverwaltungs-Gesellschaften angeboten. Banken und Sparkassen haben keine eigenen Angebote. Sie verweisen auf ihre Investmentfonds bzw. auf mit ihnen kooperierende Versicherungsgesellschaften. Die Versicherungsunternehmen investieren das Geld der Rürup-Sparer am Kapitalmarkt. Kombinieren lassen sich die Verträge mit Zusatz-Bausteinen, z.B. Hinterbliebenenrenten, Berufsunfähigkeits- oder Erwerbsunfähigkeits-Versicherungen.

Vor- und Nachteile einer Rürup-Rente

Das steuerbegünstigte Rentenversicherungs-Produkt bietet folgende Vor- und Nachteile:

Vorteile:

■ Geeignet, um eine eigene Altersvorsorge aufzubauen in Form einer lebenslangen Leibrente.

■ Für Selbstständige und Freiberufler die einzige, vom Staat unterstützte private Vorsorgemöglichkeit.

■ Steuermindernde Wirkung durch den Sonderausgaben-Abzug. Er wird im Jahr 2025 bei 100 % liegen.

■ Besserverdienenden und Selbstständigen ist es möglich, bis zu 30 % der Sparbeiträge durch Steuervorteile zu finanzieren.

■ Die Beitragszahlung ist für Selbstständige in der Anspar-phase pfändungsgeschützt. In der Rentenphase besteht dieser Schutz innerhalb der Pfändungsfreigrenzen.

- Es ist möglich, Ehegatten oder Partner eingetragener Lebenspartnerschaften und Kinder ergänzend durch eine Hinterbliebenenrente abzusichern.

Nachteile:

- Über das gebildete Kapital kann nicht verfügt werden.

- Die Leistungen sind im Alter zu versteuern, ab dem Jahr 2040 zu 100 %.

- Zum Ende der Sparphase wird keine Beitragsgarantie geboten.

- Bei vorzeitigem Tod droht Kapitalverlust.

Die betriebliche Altersvorsorge

Betriebliche Altersvorsorge – bAV – ist der Sammelbegriff
für alle finanziellen Leistungen, die ein Arbeitgeber seinen
Arbeitnehmern zusagt: zur Altersvorsorge und Versorgung
von Hinterbliebenen, bei Tod oder Invalidität, bei Erwerbs-
oder Berufsunfähigkeit.

Arbeitnehmer können von ihren Arbeitgebern verlangen,
Teile ihres Entgelts umzuwandeln in einen Anspruch auf
betriebliche Altersvorsorge – die sogenannte Entgeltumwandlung.

Die betriebliche Altersvorsorge bietet aber nicht nur eine
zusätzliche Rente und einen zusätzlichen Risikoschutz.
Die Arbeitnehmer profitieren auch von beachtlichen Steuer-
vorteilen.

Wer hat Anspruch auf betriebliche Altersvorsorge?

Den Anspruch auf betriebliche Altersvorsorge hat jeder Arbeitnehmer, der in der gesetzlichen Rentenversicherung pflichtversichert ist. Einen Teil seines Entgelts kann der Arbeitnehmer für die betriebliche Altersvorsorge verwenden. Berechtigt sind: unbefristet Beschäftigte, Teilzeitkräfte, Azubis, Beschäftigte mit einem befristeten Arbeitsvertrag, geringfügig Beschäftigte sowie Geschäftsführer.

Ein Rechtsanspruch auf betriebliche Altersvorsorge ist gegeben, wenn der Arbeitnehmer sie durch Entgeltumwandlung selbst finanziert. Seit 2019 ist der Arbeitgeber verpflichtet, sich mit einem Zuschuss zu beteiligen.

Arbeitnehmer können verlangen, dass der Arbeitgeber Entgelt in eine Anwartschaft auf Leistungen der betrieblichen Altersvorsorge umwandelt. Dies ist möglich bis zu 4 % der Beitragsbemessungsgrenze (West) in der gesetzlichen Rentenversicherung. Im Jahr 2022 entsprach dies einem Betrag von 3.384,– Euro.

Es ist möglich, diesen Betrag steuer- und sozialabgabenfrei in eine Direktversicherung, Pensionskasse oder einen Pensionsfonds einzuzahlen.

Durchführungswege der betrieblichen Altersvorsorge

Der Arbeitgeber kann wählen zwischen fünf Formen der betrieblichen Altersvorsorge.

Möglich ist, die betriebliche Altersvorsorge durchzuführen und aufzubauen

- als Direktversicherung
- über eine Pensionskasse
- über einen Pensionsfonds
- als Direktzusage / Pensionszusage
- über eine Unterstützungskasse

Den Durchführungsweg bestimmt grundsätzlich der Arbeitgeber.

Um die betriebliche Altersvorsorge weiter zu stärken, trat
am 1. Januar 2018 das Betriebsrenten-Stärkungsgesetz in
Kraft. Damit wurden die Rahmenbedingungen verbessert
und ein Sozialpartner-Modell eingeführt.

Durchführungsweg 1: Direktversicherung

Die Direktversicherung ist eine Lebens- oder Rentenversicherung. Der Arbeitgeber schließt sie ab als Versicherungs-
nehmer. Begünstigt ist der jeweilige Arbeitnehmer.

Die Beiträge können bezahlt werden
- in vollem Umfang alleine vom Arbeitgeber
- zu gleichen Teilen vom Arbeitnehmer und Arbeitgeber
- im Rahmen einer Entgeltumwandlung vollständig vom
  Arbeitnehmer

Einen Anspruch auf spätere Rentenleistungen hat nur der
Arbeitnehmer, ggf. auch die Hinterbliebenen.

Die Direktversicherung eignet sich insbesondere auch für
kleine Unternehmen. Der Verwaltungsaufwand ist für den
Betrieb gering.

Weitere Vorteile:

- Der Arbeitgeber darf die Versicherung nicht abtreten, verpfänden oder beleihen.

- Die Überschussanteile dürfen nur zur Verbesserung der Versicherungsleistung verwendet werden.

- Beim Ausscheiden aus dem Unternehmen kann die Versicherung mit eigenen Beiträgen weiter geführt werden.

Durchführungsweg 2: Pensionskasse

Pensionskassen werden von einem oder mehreren Unternehmen gebildet. Es sind spezielle Lebensversicherungen für die der Arbeitgeber Beiträge bezahlt. Für Arbeitnehmer ist es möglich, sich in Form der Entgelt-Umwandlung an der Beitragszahlung zu beteiligen.

Kontrolliert werden Pensionskassen von der Bundesanstalt für Finanzdienstleistungs-Aufsicht – BaFin. Die Kassen garantieren Arbeitnehmern und den Hinterbliebenen einen Anspruch auf Leistungen in der Zukunft.

Pensionskassen sind vom Arbeitgeber unabhängige Einrichtungen. Die Versorgungsleistungen werden auch bei einer Insolvenz des Arbeitgebers erbracht.

Sofern Arbeitnehmer mit unverfallbaren Anwartschaften auf eine betriebliche Altersvorsorge ein Unternehmen verlassen, ist es grundsätzlich möglich, die Vorsorge in einer Pensionskasse mit eigenen Beiträgen fortzusetzen.

Durchführungsweg 3: Pensionsfonds

Pensionsfonds sind rechtlich selbstständige Versorgungseinrichtungen. Sie räumen Arbeitnehmern einen Rechtsanspruch auf zugesagte Leistungen ein.

Pensionsfonds unterliegen der Versicherungsaufsicht durch die Bundesanstalt für Finanzdienstleistungs-Aufsicht oder der Insolvenzsicherungspflicht beim Pensions-Sicherungs-Verein – PSVaG.

Versorgungsleistungen werden entweder als lebenslange Altersrente oder in Form eines Auszahlplans mit anschließender Restverrentung ausbezahlt.

Durchführungsweg 4: Direktzusage / Pensionszusage

Mit einer Direkt-/Pensionszusage verpflichtet sich der Arbeitgeber, eine Betriebsrente aus dem Betriebsvermögen zu zahlen. Dafür bildet der Arbeitgeber „Pensionsrückstellungen".

Für den Fall der Insolvenz eines Arbeitgebers sind die Ansprüche aus einer Direktzusage beim Pensions-Sicherungs-Verein geschützt.

Beim Ausscheiden aus dem Unternehmen besteht kein Anspruch, die Versorgung mit eigenen Beiträgen weiter aufzubauen. Bis dahin erworbene Anwartschaften bleiben erhalten.

Durchführungsweg 5: Unterstützungskasse

Eine Unterstützungskasse wird von einem oder mehreren Unternehmen gebildet. Dem Arbeitgeber dient die Kasse dazu, Versorgungszusagen an Arbeitnehmer zu finanzieren und zu erfüllen. Gegenüber der Unterstützungskasse hat der Arbeitnehmer keinen Anspruch.

Beim Ausscheiden aus dem Unternehmen besteht für den Arbeitnehmer kein Anspruch darauf, seine Altersvorsorge mit eigenen Beiträgen weiter aufzubauen.

Sicherheiten bei der betrieblichen Altersvorsorge

Unverfallbarkeit beim vorzeitigen Ausscheiden

Scheidet der Arbeitnehmer aus dem Arbeitsverhältnis vorzeitig aus, bleiben die Versorgungsansprüche dann bestehen, wenn sie „unverfallbar" sind. Entscheidend ist, ob die betriebliche Altersvorsorge vom Arbeitgeber oder Arbeitnehmer finanziert wurde.

Hat der Arbeitgeber die Zusage finanziert die bis einschließlich 2017 erteilt wurde, behält der ausgeschiedene Arbeitnehmer seinen Versorgungsanspruch. Vorausgesetzt, er ist zum Zeitpunkt des Ausscheidens mindestens 25 Jahre alt. Außerdem muss die Zusage mindestens fünf Jahre bestanden haben.

Bei einer ab dem 1. Januar 2018 gegebenen Zusage gelten dagegen ein Mindestalter von nur noch 21 Jahren und eine Unverfallbarkeits-Frist von nur noch drei Jahren.

Für Zusagen bis einschließlich 2017 – sog. „Altzusagen" – gelten Übergangsregelungen. Diese stellen sicher, dass die anspruchsberechtigten Arbeitnehmer nicht benachteiligt werden. (Im Vergleich zu den Arbeitnehmern mit Zusagen ab 2018.)

Beiträge aus einer Entgeltumwandlung

Für eine betriebliche Altersvorsorge sind die daraus erworbenen Ansprüche auf eine spätere Leistung sofort unverfallbar. Damit ist sichergestellt: Alle Beiträge, die für die Altersvorsorge des Arbeitnehmers verwendet werden, führen zu Leistungen im Versorgungsfall. Die Höhe der Anwartschaft entspricht dem bis dahin angesparten Wert der Versorgung.

Arbeitnehmer kann den Vertrag privat fortführen

Bei einer als Entgeltumwandlung finanzierten Direktversicherung, einer Pensionskasse oder einem Pensionsfonds hat
ein Arbeitnehmer folgendes gesetzliches Recht:
Nach Beendigung des Arbeitsverhältnisses ist es möglich,
den Vertrag mit eigenen Beiträgen privat fortzusetzen. Aber
auch bei vom Arbeitgeber finanzierten Direktversicherungen
und Pensionskassen-Versorgungen kann der Vertrag im
Regelfall durch den Arbeitnehmer weiter geführt werden.
Vorausgesetzt, es wurde vom Arbeitgeber vertraglich ein-
geräumt.

Übertragbarkeit beim Jobwechsel

Grundsätzlich sind erworbene Rentenansprüche auf eine
Altersvorsorge beim Arbeitgeberwechsel übertragbar.
Dazu wird die beim ehemaligen Arbeitgeber erworbene
Anwartschaft in einen „Übertragungswert" umgerechnet.
Dieser Wert kann in das Versorgungs-System des neuen
Arbeitgebers übernommen werden. Die Höhe dieser Zusage
ist abhängig von dem Versorgungs-System des neuen
Arbeitgebers.

Übertragungsanspruch und Übertragungsabkommen

Arbeitnehmer haben einen gesetzlichen Anspruch, dass Zusagen übertragen werden. Vorausgesetzt, sie wurden nach dem 31. Dezember 2004 erteilt und über eine Direktversicherung, Pensionskasse oder einen Pensionsfonds durchgeführt. Fast alle Versicherungsunternehmen in Deutschland haben ein entsprechendes Übertragungsabkommen abgeschlossen.

Sicherheit, wenn ein Unternehmen insolvent wird

Die Anwartschaften und Ansprüche der Arbeitnehmer sind auch für den Fall der Insolvenz des Arbeitgebers geschützt. Vorausgesetzt, die betriebliche Altersvorsorge wurde unmittelbar zugesagt über das Unternehmen, eine Unterstützungskasse, regulierte Pensionskasse oder einen Pensionsfonds.

Der Pensions-Sicherungs-Verein – PSVaG – tritt an die Stelle des Arbeitgebers und übernimmt grundsätzlich dessen Leistungsverpflichtungen.
Der PSVaG ist der gesetzliche Träger der Insolvenzsicherung der betrieblichen Altersvorsorge. Sein alleiniger Zweck besteht in der Gewährleistung der betrieblichen Altersvorsorge für den Fall der Insolvenz des Arbeitgebers.

Steuern und Sozialabgaben in der betrieblichen Altersvorsorge

Das Betriebsrentenstärkungs-Gesetz hat ab 2018 die steuer- und sozialversicherungsrechtlichen Rahmenbedingungen für die betriebliche Altersvorsorge nochmals erheblich verbessert:

- Das lohnsteuerfreie Dotierungsvolumen wurde deutlich erhöht.

- Es gilt eine neue Förderung für Geringverdiener.

- Bei der Grundsicherung wurden neue Freibeträge eingeführt.

- Beiträge bzw. Aufwendungen für eine Direktzusage oder Unterstützungskasse sind für Arbeitnehmer nicht steuerpflichtig.

Grundsätzlich steuerfrei sind Beiträge zu den Durchführungswegen Direktversicherung, Pensionskasse oder Pensionsfonds. Unabhängig davon, ob sie vom Arbeitnehmer durch Entgeltumwandlung oder vom Arbeitgeber geleistet wurden.

Die Steuerfreiheit liegt für Arbeitnehmer bei maximal 8 % der Beitragsbemessungsgrenze (West) in der gesetzlichen Rentenversicherung. Im Jahr 2022 waren Beiträge in Höhe bis 6.768,– Euro steuerfrei.

Seit 2018 gibt es den BAV-Förderbetrag, der 2020 nochmals deutlich verbessert wurde.

Zahlt der Arbeitgeber für Arbeitnehmer mit einem Monatseinkommen von bis zu 2.575,– Euro pro Jahr zwischen 240,– Euro und 960,– Euro für eine Direktversicherung, eine Pensionskasse oder einen Pensionsfonds, sind diese Beiträge für den Beschäftigten steuerfrei. Dem Arbeitgeber ist es möglich, 30 % seines Aufwands, also zwischen 72,– Euro und 288,– Euro, von der an das Finanzamt abzuführenden Lohnsteuer abzuziehen. Für den Arbeitgeber sind die Beitragszahlungen Betriebsausgaben, die steuerlich zu 30 % abzugsfähig sind.

Ein Arbeitnehmer konnte im Jahr 2022 bis zu 6.768,– Euro steuerfrei einzahlen: in eine Direktversicherung, Pensionskasse oder einen Pensionsfonds.

Die Leistungen aus einer betrieblichen Altersvorsorge sind steuerfrei: In voller Höhe mit dem persönlichen Steuersatz.

Zu berücksichtigen ist, dass der persönliche Steuersatz im Alter aufgrund der Einkommenssituation in aller Regel niedriger ist als während der Erwerbsphase.

Für die Sozialabgaben gelten folgende Bestimmungen

In der Sozialversicherung sind die vom Arbeitgeber finanzierten Aufwendungen für Direktzusagen und Unterstützungs-
kassen beitragsfrei. Auch die Aufwendungen bei der
Entgeltumwandlung sind beitragsfrei bis zu 4 % der Beitragsbemessungsgrenze (West) der gesetzlichen Rentenversicherung.

Für Pensionsfonds, Pensionskasse und Direktversicherungen
gilt: Die steuerfreien Beiträge unterliegen in Höhe von bis zu
4 % der Beitragsbemessungsgrenze (West) nicht der Sozialversicherungspflicht (= 3.384,– Euro in 2022). Gleichgültig,
ob der Arbeitgeber oder der Arbeitnehmer im Wege der
Entgeltumwandlung die Aufwendungen finanziert.

Bei Auszahlung im Alter sind auf die Leistungen der fünf
Durchführungswege Beiträge zur gesetzlichen Kranken-
und Pflegeversicherung zu entrichten. Seit Januar 2020 gilt
dabei ein monatlicher Freibetrag in Höhe von 1/20 der monatlichen Bezugsgröße bei den Beiträgen zur gesetzlichen
Krankenversicherung.

Die private Altersvorsorge

Die Notwendigkeit, für das Alter privat vorzusorgen, ist inzwischen bei vielen Beschäftigten angekommen. Leistungen der gesetzlichen Rentenversicherung und betrieblichen Altersvorsorge allein werden nicht ausreichen, den gewohnten Lebensstandard zu halten. Sie werden in den kommenden Jahrzehnten immer weniger zum Leben reichen.

Es ist davon auszugehen, dass Arbeitnehmer nach Renteneintritt und dem Abzug von Steuern und Sozialabgaben in Zukunft nur noch etwa die Hälfte ihres vorherigen Netto-Einkommens zur Verfügung haben.

Angebote, mit denen die private Altersvorsorge aufzubauen ist, sind z.B. Private Rentenversicherungen, Fondsgebundene Lebensversicherungen, ETF-Sparpläne, Immobilien, Aktiensparpläne, sowie staatlich geförderte Riester- und Rürup-Renten.

Zu beachten ist: Das für alle und jeden passende Vorsorgemodell gibt es nicht. Zum Teil verfolgen die Angebote völlig unterschiedliche Ansätze. Was für den einen passt, ist für den anderen vielleicht völlig ungeeignet. Es gilt, das individuelle Vorsorgemodell so genau als möglich auf die persönlichen Verhältnisse und Erwartungen abzustimmen. Denn eine Vorsorge-Strategie „von der Stange" gibt es nicht.

Andererseits muss die private Altersvorsorge flexibel bleiben und sich ggf. an veränderte Ziele und Situationen anpassen.

Private Rentenversicherungen

Es werden monatliche Beiträge einbezahlt. Bei niedrigen Zinsen lohnt sich die klassische Rentenversicherung kaum. Die Kosten des Vertrags müssen durch die erzielte Rendite wieder ausgeglichen werden.
Die Variante der sogenannten Netto-Rentenversicherung hat das Ziel, mit Aktienanteilen eine bessere Rendite zu erwirtschaften.

Fondsgebundene Lebens-versicherung

Sie ist eine Form der Kapitallebensversicherung mit besseren Renditechancen gegenüber der klassischen Lebensversicherung, aber auch einem höheren Risiko.

Es kann gewählt werden zwischen Fonds mit unterschiedlichen Risikoklassen. Zum Beispiel:

- Aktienfonds mit größten Renditechancen bei höchstem Risiko

Immobilienfonds mit guten Renditechancen bei mäßigem Risiko

Rentenfonds mit mäßigen Renditechancen bei geringstem Risiko

ETF-Sparpläne – Exchange-Traded Fund

Ein ETF-Sparplan ist ähnlich wie ein Banksparplan. Für die private Altersvorsorge kann bereits besteuertes Geld des Nettoeinkommens angelegt werden. ETF-Sparpläne bieten eine gute Möglichkeit, in kleinen Schritten ein Vermögen aufzubauen.

Der Sparplan kann jederzeit gekündigt oder unterbrochen werden.

ETF-Sparpläne bieten Banken, Direktbanken (online) und Fondsbanken an.

Immobilien

Die eigene Immobilie kann auch eine interessante Form der privaten Altersvorsorge sein. Wer mit einer eigenen Immobilie in Rente geht, hat den Vorteil: Mietfreies Wohnen im Alter oder über Vermietung der Immobilie eine geeignete altersgerechte Wohnung finanzieren.

Die Tilgungsbeträge für eine Immobilie gelten als Vermögensaufbau. Ein weiterer Vorteil liegt in einer positiven Wertsteigerung. Grundsätzlich ist davon auszugehen, dass die Immobilie nach Ende einer Finanzierung einen höheren Wert hat als die getilgte Summe.

Aktiensparplan

Eine weit verbreitete Form der privaten Altersvorsorge ohne staatliche Förderung ist der Aktiensparplan. Dazu wird mit einem Depotanbieter ein Sparvertrag über einen festen monatlichen Betrag abgeschlossen. Dieser Betrag wird direkt vom Konto aus über das Depot in die ausgewählten Aktien, Anleihen und Aktienfonds investiert.

Vorteil: Es ist möglich, jederzeit über das Kapital zu verfügen, Zahlungen zu unterbrechen, zu erhöhen oder zu reduzieren.

Nachteil: Auszahlungen sind direkt zu versteuern.

Die persönliche Sicherheits- und Vorsorge-Analyse

In fünf Schritten eine eigene, aktuelle Sicherheits- und Vorsorge-Analyse erstellen:

1. Schritt

Die eigenen Ansprüche an die gesetzliche Rentenversicherung klären. Prüfen, ob und welche Ansprüche bestehen aus einer privaten, betrieblichen oder berufsständischen Altersvorsorge.

2. Schritt

Das aktuelle Netto-Vermögen berechnen.

3. Schritt

Klären, mit welchen monatlichen Aufwendungen im Ruhestand voraussichtlich zu rechnen ist.

4. Schritt

Die voraussichtlichen monatlichen Einnahmen im Ruhestand berechnen.

5. Schritt

Den persönlichen Sicherheits- und Vorsorge-Status erstellen.

1. Schritt

Aktuelle Ansprüche an die gesetzliche Rentenversicherung klären mit der Renteninformation

Die persönliche Renteninformation erhalten einmal jährlich alle Versicherten der gesetzlichen Rentenversicherung ab dem Alter von 27 Jahren, wenn mindestens 5 Jahre Beiträge einbezahlt wurden.

In der Renteninformation der Deutschen Rentenversicherung sind z.b. festgehalten:

▪ Der aktuelle Rentenanspruch für den Fall einer vollen Erwerbsminderung.

▪ Die zu erwartenden Ansprüche auf eine Altersrente, ohne weitere Einzahlungen.

▪ Der hochgerechnete Rentenanspruch wenn so wie bisher weiter verdient würde.

▪ Die Rentenhöhe bei einer angenommenen jährlichen Rentenanpassung von einem oder zwei Prozent.

Ergänzungen der Altersvorsorge ggf. mit weiteren Zusagen

Gesetzliche Rentenversicherung	EUR	
Riester- oder Rürup-Rente	EUR	
Beamtenversorgung	EUR	
Berufsständische Versorgungseinrichtungen	EUR	
Betriebliche Altersversorgung	EUR	
Private Lebens- und Renten-versicherungen	EUR	

2. Schritt

Das aktuelle Nettovermögen berechnen

Vorhandene Vermögenswerte	Termin/ Fälligkeit	EUR
Versicherungen:		
– Kapitallebensversicherungen		
(voraussichtliche Ablaufleistungen)		
– Private Rentenversicherungen		
(Rentenleistung/Kapitalleistung)		
Bank/Bausparkasse:		
– Gehaltskonto/Girokonto		
– Festgeldkonto		
– Sparkonto/Sparbuch		
– Sonstige Bankguthaben		
– Guthaben in Bausparverträgen		
Immobilienbesitz/Grundstücke:		
– Selbstgenutztes Wohneigentum		
(Verkehrswert)		
– Vermietetes Wohneigentum		
(Verkehrswert)		
– Grundstücke		
(Bauplätze, Garten, Ackerland etc.)		
Wertpapierdepot:		
– Aktien		
– Aktienfonds		
– Immobilienfonds		
– Rentenfonds		
– Investmentfonds		
– Sonstige Wertpapiere		
Zwischensumme		

Vorhandene Vermögenswerte	Termin/ Fälligkeit	EUR
Übertrag		
Sonstiges Vermögen: – Sammlungen (Münzen, Briefmarken) – Kunstschätze (Antiquitäten, Bilder, Schmuck etc.) – Verkaufswert des Fahrzeugs – Ausstehende Forderungen		
Geschäftsbeteiligungen: – Kommandit- und GmbH-Anteile – Gewerbliche Beteiligungen – Steuersparmodelle		
Summe der Vermögenswerte		

Vorhandene Verbindlichkeiten	Termin/ Fälligkeit	EUR
Hypothekenschulden		
Bausparschulden		
Restschuld Autokredit		
Restschuld Ratenkredit		
Verwandtendarlehen		
Überziehung Girokonto/ Kontokorrentkredit		
Kreditkartensaldo		
Steuerschulden		
Andere Verbindlichkeiten		
Summe der Verbindlichkeiten		

Vorhandenes Nettovermögen	EUR
Summe der Vermögenswerte	
abzügl. Summe der Verbindlichkeiten	–
= vorhandenes Nettovermögen zum ...	

3. Schritt
**Klären, mit welchen monatlichen Aufwendungen
im Ruhestand zu rechnen ist**

Mit der folgenden Checkliste wird der voraussichtliche
monatliche Geldbedarf im Ruhestand ermittelt. Die heutigen
Aufwendungen werden mit einem Zuschlag von 10 bis
15 Prozent addiert. Je länger der Rentenbeginn entfernt ist,
umso höher sollte der Zuschlag sein. Jahresbeträge werden
in Monatsbeträge umgerechnet, also durch 12 geteilt.

Auch die Kosten für Wünsche, Ziele und Interessen
(z.B. Urlaub, Reisen und Hobbys) sind zu erfassen.
Damit entsteht ein möglichst genaues Szenario der
Situation.

Voraussichtliche monatliche Aufwendungen im Ruhestand	EUR
Zum Beispiel: Lebenshaltungskosten	
– Miete bzw. Kreditrate für selbst genutzte Immobilie	
– Strom, Wasser, Gas	
– Heizung, Nebenkosten	
– Telefon, Handy, Internet	
– Nahrungsmittel	
– Genussmittel	
– Körper-/Gesundheitspflege	
– Medikamente	
– Kleidung	
– Putz- und Reinigungsmittel	
– Bücher, Zeitung, Zeitschriften	
– Rundfunk und Fernsehen	
– Fahrtkosten	
– Freizeit und Hobby	
– Urlaub	
– Sonstiges:	
Zwischensumme der monatlichen Aufwendungen	

Voraussichtliche monatliche Aufwendungen im Ruhestand	EUR
Übertrag	
Zum Beispiel: Fahrzeug	
– Kraftstoff und Öl	
– Strom für Elektroauto	
– Reparaturen	
– Rücklagen	
– Garage/Stellplatz	
– Reifen	
– Automobilclub	
– Kfz-Steuer	
– Kfz-Versicherung	
– Sonstiges	
Zum Beispiel: Versicherungen	
– Krankenversicherung	
– Pflegeversicherung	
– Haftpflichtversicherung	
– Hausratversicherung	
– Unfallversicherung	
– Sonstige Versicherungen:	
Zwischensumme der monatlichen Aufwendungen	

Voraussichtliche monatliche Aufwendungen im Ruhestand	EUR
Übertrag	
Zum Beispiel: Sonstige Ausgaben – Ratenkauf – Tilgung/Zinsen für Kredite – Sparen/Vermögensaufbau – Unterhaltszahlungen – Möbel, Hausrat – Rücklagen für Instandhaltung von Immobilien – Sonstiges:	
Steuern: – Einkommensteuer – Solidaritätszuschlag – Kirchensteuer – Steuerberater*) – Sonstige Steuern (z.B. Kapitalertragsteuer, Grundsteuer) *) Im Rentenalter ist die Einkommensteuer grundsätzlich geringer als im Berufsleben. Auskunft über mögliche Steuerzahlungen erhält man über den Steuerberater.	
Summe der monatlichen Aufwendungen	

Besteuerung von Rentnern und Pensionären

Die fällig werdenden Steuern werden errechnet aus der Summe aller inländischen und ausländischen Einkünfte im Veranlagungszeitraum. Dazu werden die Einkommen aus folgenden Einkunftsarten zusammen gerechnet: aus Land- und Forstwirtschaft, Gewerbebetrieb, selbstständiger Arbeit, nichtselbstständiger Arbeit, Kapitalvermögen, Vermietung und Verpachtung sowie sonstige Einkünfte.

Alle Gewinne und Überschüsse aus den genannten Einkunftsarten ergeben die Summe der Einkünfte. Nach Abzug von Freibeträgen, Sonderausgaben, außergewöhnlichen Belastungen und einem eventuellen Verlustabzug oder Härteausgleich ergibt sich das zu versteuernde Einkommen. Es ist die Basis für die Berechnung der Steuerzahlung.

Wann müssen Rentner und Pensionäre Steuern zahlen?

Das Finanzamt rechnet alle Einkünfte zusammen

Gewinneinkunftsarten
Einkünfte aus
– Land- und Forstwirtschaft
– Gewerbebetrieb
– selbstständiger Arbeit

**Gewinn = Einnahmen
minus Betriebsausgaben**

Überschusseinkunftsarten
Einkünfte aus
– nicht selbstständiger Arbeit
– Kapitalvermögen
– Vermietung/Verpachtung
– sonstige Einkünfte

**Überschuss = Einnahmen
minus Werbungskosten**

+

Summe der Einkünfte

Minus Freibeträge, Sonderausgaben,
Härteausgleich, Verlustabzug, oder
Steuerbegünstigungen

=

zu versteuerndes Einkommen

Rentner und Pensionäre zahlen Steuern, wenn das zu versteuernde
Einkommen den Grundfreibetrag übersteigt.

Progressionszonen

Grundfreibetrag =
Existenzminimum
eines Bürgers
= 0 % Steuer

Wer mehr verdient
zahlt höhere Steuern.
Ein hohes Einkommen wird
prozentual stärker belastet.

Grundfreibetrag

Die Rentenlücke

Die gesetzliche Rente wird zukünftig immer weniger zum Erhalt des Lebensstandards ausreichen. Ein besonderes Augenmerk muss auf der Lücke zwischen dem geschätzten Bedarf im Alter und der gesetzlichen Rente liegen.

Ein Beispiel:

Ein 30-Jähriger hat immer durchschnittlich verdient und geht mit 67 Jahren in Rente. Die Deutsche Rentenversicherung teilt in der jährlichen Renteninfo mit, dass er im Jahr 2057 knapp 1.500.– Euro brutto als gesetzliche Rente pro Monat erwarten kann. Es werden ca. 11 % Sozialabgaben und rund 8 % Steuern abgezogen, das ergibt ca. 1.210.– Euro Netto-Rente.

Der 30-Jährige möchte jedoch monatlich ca. 75 % seines derzeitigen Nettoeinkommens als Rente zur Verfügung haben. Dazu fehlen ihm monatlich ca. 430.– Euro. Dieser Betrag wird als Rentenlücke bezeichnet. Sie ist der Differenzbetrag zwischen der staatlich zugesagten Rente und der Wunsch-rente bzw. dem Geldbedarf im Alter.

Um diese Lücke zu schließen, muss der 30-Jährige eine zusätzliche Altersvorsorge aufbauen.

Zu spät für eine zusätzliche Altersvorsorge?

So viel kostet der Aufbau einer zusätzlichen Altersvorsorge ab einem bestimmten Alter.

Alter	30 J.	35 J.	40 J.	46 J.	50 J.
Voraussichtliche Dauer des Ruhestands ♀	24,4 J.	23,9 J.	23,4 J.	22,9 J.	22,5 J.
(Quelle: Statistisches Bundesamt Wiesbaden) ♂	21,1 J.	20,6 J.	20,1 J.	19,5 J.	19,1 J.
Für je 100 € mtl. lebenslange Rente mit einer jährlichen Steigerung ♀	25.774	25.310	24.830	24.524	24.040
von 2 % wird folgendes Kapital benötigt ♂	22.672	22.110	21.700	21.132	20.800
Für den Aufbau des Kapitals wird bei einer ♀	34,96	43,62	55,85	80,07	105,99
Verzinsung von 3 % folgende mtl. Sparrate benötigt ♂	30,75	38,11	48,81	68,99	91,71

Lesebeispiel: Eine 30-jährige Frau kann auf eine voraussichtliche Rentendauer von 24,4 Jahren hoffen. Um 100 € zusätzliche Rente aus der privaten Vorsorge lebenslang mit einer jährlichen Steigerung von 2 Prozent beziehen zu können, wird ein Kapitalbedarf von 25.774 € benötigt. Das Kapital kann bei einer 3 % Verzinsung mit einer monatlichen Sparrate von 34,96 € aufgebaut werden.

Die eigenen vier Wände

Ein eigenes Haus oder eine Eigentumswohnung gilt als eine hervorragende Altersvorsorge. Zudem ist es für Familien mit Kindern oft das höchste Ziel.

Bevor Sie sich und Ihrer Familie den großen Traum erfüllen, müssen Sie sich über Ihre Anforderungen, Wünsche und Möglichkeiten klar werden. Dabei spielen private und berufliche Dinge eine Rolle und natürlich das liebe Geld.

Informieren Sie sich genau über die Umgebung, Entfernung zu öffentlichen Verkehrsmitteln, Kitas, Schulen und Einkaufsmöglichkeiten. Prüfen Sie das Angebot an Immobilien für den Ort, den Sie ausgesucht haben. Legen Sie eine Liste an mit Ihren wichtigsten Kriterien und Wünschen. Vermeiden Sie zunächst allzu große Kompromisse.

Standort, Grundstück und Umgebung

Machen Sie sich Gedanken über Ihre Wünsche und Vorstellungen

▦ Standort der Immobilie
··· Stadt – Stadtrand – Landgebiet
··· Belastung durch Industrie-Emissionen – Luft – Lärm
··· Straßenlärm oder ruhige Lage
··· Soziales Umfeld – Nachbarschaft
··· Arbeitsplatz – Entfernung – Angebot

▦ Entfernungen
··· zur Innenstadt – PKW erforderlich – Zweitwagen
··· zum Arbeitsplatz
··· zur Kita
··· zu Schulen
··· zu Einkaufsmöglichkeiten
··· zum Arzt, Krankenhaus, zur Apotheke, Post

- Verkehrsanbindung
  - ⋯ Öffentliche Verkehrsmittel
  - ⋯ Autobahnanschluss
  - ⋯ Schnellstraßen

- Erholungs- und Freizeitwert
  - ⋯ Wald
  - ⋯ Schwimmbad
  - ⋯ Sporteinrichtungen
  - ⋯ Theater
  - ⋯ Kino
  - ⋯ Restaurants

- Grundstück
  - ⋯ Eben
  - ⋯ Hanglage mit/ohne Aussicht
  - ⋯ Ausrichtung der Himmelsrichtung – Süd, Nord, Ost, West

- Garten – Terrasse – Balkon
  - ⋯ einsehbar
  - ⋯ abgeschlossen

- Kaufgrundstück
- Nutzung gemäß Bebauungsplan
- Einträge im Baulastenverzeichnis
- Höhe der Erschließungskosten

Klären Sie bei einem Kaufgrundstück beim örtlichen Bauamt vorab die Fragen: Welche Nutzungsmöglichkeiten weist der Bebauungsplan aus? Ist das Grundstück durch sogenannte Altlasten beeinträchtigt? Ist das Grundstück an das öffentliche Versorgungsnetz angeschlossen (Wasserversorgung, Strom, Gas, Kanalisation)? Fragen Sie ggf. nach den Erschließungskosten. Und: Mit welchen Entwicklungen und Maßnahmen für das Wohngebiet und die Umgebung ist zu rechnen?
Erkundigen Sie sich nach den ortsüblichen Grundstückspreisen beim Gutachterausschuss der jeweiligen Gemeinde oder Stadt.

Überlegen Sie, wie Ihr Bedarf an Wohnfläche aussieht

Räume	Anzahl	Wohn-/Nutzfläche
··· Wohnzimmer		
··· Esszimmer		
··· Kinderzimmer		
··· Schlafzimmer		
··· Gästezimmer		
··· Küche		
··· Toilette		
··· Badezimmer/Dusche		
··· Arbeitszimmer		
··· Hobbyraum		
··· Keller/Vorratskeller		
··· Abstellraum		
··· Garage, Stellplatz		
··· Terrasse, Balkon		
··· Sauna/Fitnessraum		
··· Sonstiges		

Bedenken Sie beim Kauf eines Hauses oder einer Wohnung aus „zweiter Hand" dass Änderungen am Grundriss meist hohe Kosten verursachen. Lassen Sie sich Zeit bei der Auswahl und Entscheidung. Analysieren Sie Ihre Bedürfnisse und Wünsche genau und gehen Sie bei der Suche gezielt vor.

Zusammenarbeit mit einem Architekten

Vielleicht entscheiden Sie sich, Ihr Haus von einem Architekten planen und (um)bauen zu lassen. Ihre persönlichen Vorstellungen können Sie so am besten verwirklichen. Der Architekt kennt alle Bauvorschriften in seiner Region. Er weiß, was er im erlaubten Rahmen planen kann. Wichtig ist, dass Sie ausführliche Gespräche mit ihm führen und er Ihre Familie kennen lernt. So kann er Sie und Ihre Bedürfnisse besser einschätzen und damit Missverständnisse vermeiden.

Bau- und Haustechnik

Gerade bei gebrauchten Immobilien spielen diese beiden Punkte eine entscheidende Rolle. Unter „Bautechnik" fallen alle Probleme der Bausubstanz sowie der Wärmedämmung, des Schall-, Feuchtigkeits- und Brandschutzes.
Zur „Haustechnik" gehören alle Installationen, die Wasserversorgung, Abflussrohre, Heizungssystem, Entlüftung und die elektrischen Leitungen.

Veraltete oder defekte Installationen wieder in Stand zu setzen, ist teuer und aufwendig. Ob sich die Entscheidung für ein solches Objekt lohnt, kann nur ein Bausachverständiger oder ein entsprechend spezialisierter Architekt beurteilen. Ein fachmännisches Gutachten erspart Ihnen unter Umständen einen Fehlkauf.

Für Neubauten gelten umfangreiche Bauvorschriften, an die sich der Bauherr, Architekt und die Handwerker halten müssen. Ein neues Haus wird nach den aktuellen Bestimmungen geplant und gebaut.

Staatliche Förderungen

Wenn Sie ein Haus kaufen, bauen oder eine Wohnung erwerben und selbst nutzen, können Sie staatliche Förderung erhalten, beispielsweise durch vergünstigte Darlehen, Zuschüsse und andere Arten der Subventionierung. Auch der energieeffiziente oder barrierefreie Umbau des eigenen Heims kann gefördert werden.

Je nachdem, ob eine Immobilie gebaut, gekauft oder umgebaut wird gibt es unterschiedliche Möglichkeiten. Die Angebote werden auch als „Förder-Dschungel" bezeichnet, denn sie sind für den Laien nicht zu überblicken: Wohn-Riester, soziale Wohnraumförderung, Fördermittel der KfW Bankengruppe, evtl. Bundesländer, Stadt oder Gemeinden etc. Um die optimale, individuelle Lösung zu finden, benötigen Sie einen fachkundigen, erfahrenen Experten.

Steuerermäßigung durch energetische Maßnahmen

Bei Immobilien, die mindestens 10 Jahre alt und selbst bewohnt werden, können für eine energetische Sanierung über drei Jahre 20 % der Kosten von der Steuer abgesetzt werden. Gefördert werden bestimmte Maßnahmen, die

durch eine Bescheinigung des Handwerksbetriebs nachzu-
weisen sind:

- ··· Wärmedämmung von Wänden, Dachflächen, Geschoss-
  decken
- ··· Erneuerung von Fenstern oder Außentüren
- ··· Erneuerung oder Einbau einer Lüftungsanlage
- ··· Erneuerung der Heizungsanlage
- ··· Einbau von digitalen Systemen zur energetischen
  Betriebs- und Verbrauchsoptimierung
- ··· Optimierung bestehender Heizungsanlagen,
  sofern diese älter als zwei Jahre sind

Die förderungsfähigen Maßnahmen sind in § 35c EStG
aufgelistet.

Es zählen die gesamten Kosten inkl. Material und notwendige
Umbauten bis zu 200.000 Euro. Vom Finanzamt werden
maximal 40.000 Euro erstattet.

Falls für Sie ein solches Objekt in Frage kommt, sollten Sie
die konkreten Voraussetzungen mit einem Experten abklären.
Er kann Sie auch beraten, ob die Steuerermäßigung oder
ein staatliches Förderprogramm für Sie günstiger ist.

Handwerkerleistungen bei selbstgenutzten Immobilien

Handwerkskosten können unter bestimmten Voraussetzungen in Höhe von 20 % (maximal 1.200 Euro pro Jahr) von der Steuer abgesetzt werden:

- Die Arbeiten basieren auf dem Erhalt oder der Renovierung, sie dürfen nichts Neues schaffen.
- Sie dienen nicht der energetischen Sanierung.
- Berücksichtigt werden nur Arbeits-, Fahrt- und Maschinenkosten.
- Materialkosten können nicht abgesetzt werden (z.B. Tapeten, Fußbodenbeläge).
- Auf der Rechnung sind Arbeits-, Fahrt- und Maschinenkosten gesondert von den Materialkosten aufzuführen.

Die Finanzierung

Der Kauf einer Immobilie muss sicher und gut geplant werden. Die Finanzierung und Tilgung steht dabei im Mittelpunkt. Neben den monatlichen Tilgungsraten für einen Kredit ist mit laufenden Betriebskosten zu rechnen.

Verschaffen Sie sich einen realistischen Überblick

▪ Welche monatlichen Finanzierungsraten sind möglich?

▪ Welches Vermögen und Eigenkapital ist vorhanden?

▪ Wie hoch sind die vorhandenen Ersparnisse?

▪ Welche Summen sind ggf. in Bausparverträgen einbezahlt?

▪ Neben dem Kaufpreis fallen einige zusätzliche Kosten an. Wie hoch sind die Gesamtkosten für den Kauf von Haus- oder Wohnungseigentum?

··· Wird eine Maklergebühr fällig?
   (Grundsätzlich gilt das Besteller-Prinzip nach dem der Auftraggeber die Provision für den Makler alleine zu bezahlen hat.)

··· Wie hoch ist die Grunderwerbsteuer?
(Sie liegt je nach Bundesland zwischen 3,5 bis 6,5 %
vom Kaufpreis.)

··· Welche Notargebühren und Grundbuchkosten sind zu
bezahlen?
(Durchschnittlich liegen sie bei 1,5 % der Kaufsumme.
Sie teilen sich auf in ca. 1 % Notarkosten und 0,5 %
Grundbuchkosten.)

··· Fallen evtl. Erschließungs-, Vermessungs-, Abbruch-
kosten an?

··· Welche laufenden öffentlichen Lasten des Grundstücks,
wie z.B. Grundsteuer gibt es?
(Die Höhe der Grundsteuer ist in den einzelnen Bundesländern unterschiedlich. Ab 2025 tritt eine Grundsteuer-
reform in Kraft. Bei den Hebesätzen kommt es künftig
auf die jeweilige Kommune an.)

▪ Falls Sie eine Zusammenarbeit mit einem Architekten
planen: Rechnen Sie mit Kosten zwischen 10 und 15 %
der Baukosten. Die genaue Höhe hängt von den anrechen-
baren Baukosten, dem Umfang der Leistungen und dem
Aufwand des Bauvorhabens ab.

Smart Home

Im Smart Home sorgt die Technik für mehr Komfort, Sicherheit und Hilfe im Haus und Haushalt. Miteinander intelligent vernetzte Sensoren, Eingabe-, Endgeräte und eine zentrale Steuereinheit machen das Wohnen nicht nur komfortabler und sicherer. Sie helfen auch, Energie zu sparen.

So ist es zum Beispiel möglich, dass die Waschmaschine per Funk Kontakt zum Handy hält und automatisch eine Nachricht schickt, wenn die Wäsche fertig oder der Waschvorgang gestört ist. Oder: Die Rollläden schließen sich, sobald der Fernseher eingeschaltet wird. Die Heizung springt kurz vor dem Feierabend an, sorgt für kuschelig warme Räume beim Nachhause kommen. Haustüre und Garagentor öffnen und schließen sich ohne Schlüssel.

Das Bedürfnis nach mehr Sicherheit im Haus kann über ein vernetztes Alarmsystem erreicht werden. Zum Beispiel geht bei einem versuchten Einbruch das Licht an, eine Alarmsirene setzt ein und eine Videokamera dokumentiert das Geschehen.

Die vielfältigen Komponenten für eine Heimvernetzung
können sich ergänzen und sich in ihrer Wirkung
unterstützen:

- Photovoltaik – Solarstrom vom Dach
Überschüssiger Strom fließt in einen Batteriespeicher oder
treibt Geräte im Haushalt direkt an.

- Lüftung über Sensoren
Sie schaltet sich automatisch ein, wenn die Luftqualität es
erfordert.

- Wärmepumpe
Sie heizt Warmwasser über den Solarstrom vom Dach an.

- Heizung
Sie setzt über Regler ein, wenn Wärme benötigt wird.

- Hausgeräte
Waschmaschine meldet, wenn das Programm beendet ist
oder Herd schaltet bei Bedarf den Dunstabzug ein.

Rollläden und Markisen
Öffnen und schließen automatisch je nach Sonnen-
einstrahlung.

Beleuchtung
Lampen, innen und außen, sind programmierbar.

Steckdosen
Elektrische Geräte sind über Steuerung ein- und aus-
zuschalten.

Elektrisches Türschloss (Smartlock)
Lässt autorisierte Besucher oder Bewohner ins Haus,
ggf. auch ferngesteuert über Internet.

Garten-Bewässerung
Sie setzt automatisch ein, wenn der Boden zu trocken ist.

Rasen-Mähroboter
Abhängig von Witterung und Anwesenheit der Bewohner
mäht er selbstständig das Gras.

Multiroom-Lautsprecher
Beschallen das ganze Haus z.B. mit Musik oder Alarmtönen.

Steuerung über Sprache
Ein Smart Speaker mit integrierten digitalen Assistenten
steuert auf Zuruf die Haustechnik.

Alarm-Warnung
Ob Rauchentwicklung oder Einbruch, ein Alarm gibt Signale
bei Gefahr.

Videoüberwachung
Sie behält das Haus mit Innen- und Außenkameras unter
Aufsicht.

Ladestation für E-Auto – Wallbox
Tankt den Akku auf, wenn genügend Solarstrom vorhanden
ist.

Fernbedienung
Mit einer Smartphone-App bietet sie Zugriff z.B. auf Licht,
Heizung, Kameras.

Umgebungsunterstütztes Leben

Der Fachbegriff für ein umgebungsunterstütztes Leben heißt „Ambient Assisted Living" – abgekürzt AAL. Gemeint sind Lösungen für ein Leben mit gewissen Einschränkungen. Diese Handicaps können altersbedingt sein oder auch junge Menschen betreffen.

Die technischen Systeme von Smart Home sind eine sinnvolle Ergänzung für ein altersgerechtes Wohnen oder bei einer eingeschränkten Bewegungsfreiheit. Das gilt für alle Bereiche im Haus, die sich elektronisch steuern lassen – insbesondere aber für Licht, Rollläden, Heizung und Sicherheits-Funktionen.

Ansprechpartner für die Installation

Bei einem Neubau oder umfangreichen Umbaumaßnahmen sind der Architekt oder das Haustechnikbüro geeignete Ansprechpartner für eine Beratung. Sie sollten beim Smart Home über praktische Erfahrung verfügen.

Für kleinere Maßnahmen ist das Elektrohandwerk zu empfehlen. Die Firma sollte eine Schulung für Smart Home nachweisen können.

Zertifizierte Qualitätskennzeichen sind u.a.: Fachbetrieb KOMFORT barrierefrei, Fachbetrieb für innovatives Wohnen, Fachberater Wohnkomfort, Fachbetrieb für senioren- und behindertengerechte Elektrotechnik, Gebäudesystemintegrator, Fachbetrieb für vernetzte Gebäudetechnik, Fachplaner für barrierefreies & komfortables Wohnen.

Weiterhelfen können auch Branchenverbände und Handwerkskammern.

Das Pflegerisiko nicht verdrängen

Um pflegebedürftig zu werden, muss man nicht alt sein.
Ein unvorhersehbares Ereignis kann jeden treffen.
Zum Beispiel: Ein Unfall oder eine Krankheit führt zu einem
längeren Krankenhausaufenthalt, zu einer intensiven medizinischen Reha-Maßnahme. Dies kann vorübergehend oder
ständig eine Pflegebedürftigkeit bedeuten.
Die gesetzliche Kranken- und Pflegeversicherung bietet
dafür eine Grundabsicherung. Sie unterstützen die stationäre
Behandlung im Krankenhaus, in der Reha-Klinik sowie in
einer Pflegeeinrichtung.

Krankheit

Virus- oder Organerkrankungen

Schlaganfall, Krebs, multiple Sklerose, Rheuma

Suchterkrankungen

Unvorhersehbare Ereignisse

Unfall

Sport

Verkehr

Arbeit

Welche Pflegegrade gibt es?

Gutachter bzw. Gutachterinnen des Medizinischen Dienstes der Krankenkassen (MDK) oder andere Organisationen prüfen alle neuen Anträge auf Pflegeleistungen. Festgestellt wird die noch vorhandene Selbstständigkeit im täglichen Leben über ein Punktesystem. Die zuständige Pflegekasse entscheidet auf der Grundlage des Gutachtens, ob für die versicherte Person die Einstufung in einen Pflegegrad erforderlich ist.

Je mehr Punkte erreicht werden, umso höher ist der Pflegegrad. Daraus ergeben sich die Leistungen der Pflegekasse.

Übersicht der Pflegegrade

Pflegegrad 1:	Geringe Beeinträchtigung der Selbstständigkeit (12,5 bis unter 27 Punkte)
Pflegegrad 2:	Erhebliche Beeinträchtigung der Selbstständigkeit (27 bis unter 47,5 Punkte)
Pflegegrad 3:	Schwere Beeinträchtigung der Selbstständigkeit (47,5 bis unter 70 Punkte)
Pflegegrad 4:	Schwerste Beeinträchtigung der Selbstständigkeit (70 bis unter 90 Punkte)
Pflegegrad 5:	Schwerste Beeinträchtigung der Selbstständigkeit mit besonderen Anforderungen an die pflegerische Versorgung (90 bis 100 Punkte)

Pflegegeld bei häuslicher Pflege

Das Pflegegeld, erhält der Pflegebedürftige zur freien Verfügung, z.B. für Unterstützung von privater Hilfe im häuslichen Bereich durch Angehörige, Freunde oder Nachbarn.

Übersicht: Monatliches Pflegegeld
nach § 37 Sozialgesetzbuch – SGB-XI

Pflegegrad 1:	kein Pflegegeld
Pflegegrad 2:	316,00 EUR
Pflegegrad 3:	545,00 EUR
Pflegegrad 4:	728,00 EUR
Pflegegrad 5:	901,00 EUR

Pflegesachleistungen bei häuslicher Pflege

Bei diesen Leistungen handelt es sich um „Sachgeld", das an Dienstleistungen gebunden ist. Sie dienen in der Regel zur Finanzierung eines professionellen Pflegedienstes. (Im Gegensatz zum Pflegegeld, über das die zu pflegende Person frei verfügen kann.)

Übersicht: Monatliche Pflegesachleistungen nach § 36 Sozialgesetzbuch – SGB-XI	
Pflegegrad 1:	kein Anspruch auf Pflegesachleistungen, aber auf Entlastungsbetrag*
Pflegegrad 2:	724,00 EUR
Pflegegrad 3:	1.363,00 EUR
Pflegegrad 4:	1.693,00 EUR
Pflegegrad 5:	2.095,00 EUR

*) Entlastungsbetrag bei Pflegegrad 1: Pflegebedürftige, die zu Hause betreut werden, können einen Entlastungsbetrag von bis zu 125,00 EUR monatlich erhalten. Dieses Geld ist zweckgebunden zu verwenden, um pflegende Angehörige oder nahestehende pflegende Personen zu entlasten (z.B. Tages- oder Nachtpflege, Kurzzeitpflege, Angebote zur Unterstützung im Alltag).

Die Pflegemittel-Box

Ab Pflegegrad 1 besteht die Möglichkeit, für bestimmte
Verbrauchsprodukte in der häuslichen Pflege eine „Pflege-
mittel-Box" bis zu einem Wert von 40,00 EUR pro Monat
kostenfrei zu erhalten. Es handelt sich u.a. um Desinfektions-
mittel für Hände und Flächen, Einweghandschuhe, Bett-
schutzeinlagen, FFP2-Masken etc. An die zuständige Pflegekasse ist ein Antrag zu stellen. Nach deren Genehmigung
kann über die Apotheke vor Ort oder einen Anbieter im
Internet die Box bestellt werden. Abgerechnet wird direkt
mit der Pflegekasse.

Wohnraumanpassung über die Pflegekasse

nach § 40 Sozialgesetzbuch – SGB-XI

Pflegekassen bezuschussen im Rahmen der Pflegeleistungen bestimmte Umbaumaßnahmen für eine Barrierefreiheit im Wohnumfeld.

Voraussetzungen sind:

- Die Maßnahmen ermöglichen die häusliche Pflege überhaupt erst.
- Die Umbauten erleichtern die häusliche Pflege erheblich und verringern die Belastung für den Pflegebedürftigen bzw. die Pflegepersonen.
- Die Umbaumaßnahmen ermöglichen eine selbstständigere Lebensführung.

Bevor mit den Maßnahmen begonnen wird, ist bei der Pflegekasse ein Antrag zu stellen. Nur wenn die Genehmigung erteilt ist, sind Zuschüsse möglich. Sie liegen bei allen Pflegegraden von 1 bis 5 für Einzelpersonen bei maximal 4.000 EUR. Für Wohngruppen erhöht sich der maximale Zuschuss auf 16.000 EUR.

Leistungen für die zeitweise Betreuung in einer Pflegeeinrichtung

Sie umfassen die zeitweise Betreuung eines Pflegebedürftigen während des Tages und in der Nacht in einer Pflegeeinrichtung.

Die Pflegekasse übernimmt: Pflegekosten, Aufwendungen der sozialen Betreuung, Kosten der medizinischen Behandlungspflege, morgendliche und abendliche Hol- und Bring-Dienste. Die Kosten für Unterbringung, Verpflegung sowie Investitionskosten sind privat zu übernehmen.

Übersicht: Was die Pflegekasse pro Monat bezahlt für eine teilstationäre Pflege
nach §§ 36, 38, 41, 45 Sozialgesetzbuch – SGB-XI

Pflegegrad 2:	689,00 EUR
Pflegegrad 3:	1.298,00 EUR
Pflegegrad 4:	1.612,00 EUR
Pflegegrad 5:	1.995,00 EUR

Leistungen für die vollstationäre Pflege in einer Pflegeeinrichtung

Sie umfassen die vollständige pflegerische Versorgung und Betreuung eines Pflegebedürftigen in einer Pflegeeinrichtung.

Je nach Pflegegrad übernimmt die Pflegekasse die entsprechenden Kosten. Die Anteile für Unterkunft, Verpflegung sowie Investitionskosten sind privat zu übernehmen.

Übersicht: Was die Pflegekasse pro Monat bezahlt für eine vollstationäre Pflege in einer Pflegeeinrichtung nach § 43 Sozialgesetzbuch – SGB-XI

Pflegegrad 2:	770,00 EUR
Pflegegrad 3:	1.262,00 EUR
Pflegegrad 4:	1.775,00 EUR
Pflegegrad 5:	2.005,00 EUR

Hilfe für pflegende Angehörige

Pflegende Angehörige erhalten Expertenrat beim Bundes-
ministerium für Familie, Senioren, Frauen und Jugend:
über Telefon 030-20179131
und per Mail info@wege-zur-pflege.de

Erben, schenken, vererben

Schon allein aus finanziellen Gründen und den ab 2023 gel-
tenden gesetzlichen Änderungen ist es ratsam, persönliche
Vermögensfragen rechtzeitig und in aller Ruhe zu regeln.
In einigen Fällen ist es wichtig, mit einem Rechtsanwalt,
Notar oder Steuerberater zu sprechen.

Die gesetzliche Erbfolge

Existiert kein Testament oder kein Erbvertrag, gilt die
gesetzliche Erbfolge.

Verwandte erben entsprechend ihrem Verwandtschaftsgrad
zum Erblasser:

- **Verwandte 1. Ordnung** sind Kinder, Enkel und Urenkel
  des Erblassers.

- **Verwandte 2. Ordnung** sind Eltern, Geschwister,
  Nichten und Neffen des Erblassers.

- **Verwandte 3. Ordnung** sind Großeltern, Onkel, Tanten,
  Cousinen und Cousins.

- **Verwandte 4. Ordnung** sind Urgroßeltern, Großonkel, Großtanten, Großcousinen bzw. Cousins 2. Grades.

- Als **nicht verwandt** gelten Schwiegereltern, Schwägerin und Schwager.

Der „Voraus" des (Ehe-)Partners

Als gesetzlicher Erbe kann der überlebende (Ehe-)Partner seinen „Voraus" verlangen. Zum „Voraus" gehören Gegenstände, die zum gemeinschaftlichen Haushalt gehören und Hochzeitsgeschenke. Den „Voraus" erhält der (Ehe-)Partner immer neben den miterbenden Verwandten der 2. Ordnung oder neben Großeltern.

Neben Verwandten der 1. Ordnung erhält der (Ehe-)Partner diese Gegenstände nur, soweit er sie benötigt, um den Haushalt angemessen weiter zu führen. Lebt ein Verwandter bzw. mehrere Verwandte der 1. Ordnung, kommen die Verwandten der 2. Ordnung als Erbe nicht in Frage.

Der überlebende (Ehe-)Partner erbt neben den Kindern immer ein Viertel des Nachlasses. Auch dann, wenn nur ein Kind vorhanden ist.

Gibt es nur Verwandte der 2. Ordnung, erbt der überlebende (Ehe)-Partner die Hälfte.

Besondere Stellung des (Ehe-)Partners

Die besondere Stellung des (Ehe-)Partners wird durch das spezielle Ehegattenerbrecht geregelt. Durch Heirat entsteht keine Verwandtschaft. Der Ehepartner oder eingetragene Lebenspartner des Erblassers ist ebenso gesetzlicher Erbe wie die Verwandten.

Die Höhe des Erbes ist u.a. abhängig vom ehelichen Güterstand. Ist nichts gesondert vereinbart, gilt bei (Ehe-)Partnern der gesetzliche Güterstand der Zugewinngemeinschaft. Möglich wäre auch Gütertrennung und Gütergemeinschaft.

Anspruch auf den Pflichtteil

Wurden nahe Angehörige vom Erblasser enterbt, haben sie Anspruch auf den Pflichtteil. Aber: Nur die nächsten Angehörigen können einen Pflichtteil beanspruchen.

Dazu zählen:

- Kinder (auch nicht ehelich oder adoptiert).

- Ehegatten, wenn die Ehe zum Zeitpunkt des Erbfalls Bestand hatte.

- Partner einer eingetragenen, gleichgeschlechtlichen Lebensgemeinschaft.

- Eltern des Erblassers, vorausgesetzt er hatte keine Kinder.

- Enkel und Urenkel, wenn sie von der Erbfolge ausgeschlossen sind und deren Eltern nicht mehr leben.

Pflichtteil für Ehegatten

Bei Zugewinngemeinschaft: Hatte das Paar Kinder, liegt der Pflichtteilsanspruch bei einem Viertel des Nachlasswertes.

Bei Gütertrennung: Bei einem Kind liegt der Pflichtteilsanspruch bei einem Viertel, bei zwei Kindern bei einem Sechstel, bei drei Kindern bei einem Achtel des Nachlasswertes.

Bei Gütergemeinschaft: Der Pflichtteilsanspruch liegt bei einem Achtel des Nachlasswertes.

Den Wert des Nachlasses ermitteln

Alle zum Nachlass gehörenden Aktiva (z.B. Geldvermögen, Wertpapiere, Grundstücke) und Passiva (z.B. Schulden, Bestattungskosten, Kosten für die Nachlassverwaltung) werden in einer „Nachlass-Bilanz" aufgenommen und saldiert.

Grundlage ist der Verkehrswert bzw. der am Markt zu erzielende Normalverkaufspreis. Stichtag für die Bewertung des Nachlasses ist der Todestag.

Es können **abgezogen** werden: Geldschulden, Zugewinnausgleichs-Forderungen des Ehegatten, Bestattungs-, Nachlassverwaltungs-, Inventur- und Rechtsanwalts-Kosten, Steuerschulden des Erblassers.

Nicht abzuziehen sind: Vermächtnisse, Auflagen, Erbschaftsteuer, Übergangsunterhalt für Familienangehörige.

Freibeträge bei der Erbschaftsteuer

Erhalten Erben über einen bestimmten Freibetrag hinaus
Geld und Vermögen, ist für diesen Wert Erbschaftsteuer zu
zahlen.

Welcher Steuersatz dabei angewendet wird, ist abhängig
von der Steuerklasse und damit dem Verwandtschaftsver-
hältnis zwischen dem Erblasser und dem Erben.

Steuerklassen, Verwandtschaftsgrad und Freibeträge
Beispiele:

Steuerklasse I – (Ehe-)Partner:
Allgemeiner Freibetrag 500.000 EUR,
Versorgungsfreibetrag 256.000 EUR.

**Steuerklasse I – Kinder, Stief- und Adoptivkinder sowie
Enkel ohne Eltern:**
Allgemeiner Freibetrag 400.000 EUR,
Versorgungsfreibetrag 10.300 EUR bis 52.000 EUR.

Steuerklasse I – Enkel mit noch lebenden Eltern sowie Urenkel:
Allgemeiner Freibetrag 200.000 EUR.

Steuerklasse III – Eingetragene gleichgeschlechtliche Lebenspartner:
Allgemeiner Freibetrag 500.000 EUR.

Anzeigepflicht für die Erbschaft- bzw. Schenkungsteuer

Erhält ein Erbe eine Erbschaft oder Schenkung, muss dies innerhalb von drei Monaten dem Finanzamt gemeldet werden. Ausnahme: Ein deutsches Gericht hat die Testamentseröffnung durchgeführt oder ein Notar oder Gericht hat die Schenkung beurkundet. In diesem Fall übernehmen Gericht oder Notar die Meldung.

Liegt der Wert der Wirtschaftsgüter unterhalb von 5.000 EUR, ist es möglich auf eine Meldung zu verzichten.

Ab 2023 kann das Erben von Immobilien teurer werden

Der Freibetrag für Hinterbliebene (Ehe-)Partner liegt bei 500.000 EUR. Durch eine neue steuerliche Bewertung von Immobilien steigt deren Wert voraussichtlich deutlich an. Damit kann sich die Erbschaftsteuer um mehrere zehntausend Euro erhöhen und den Freibetrag schnell überschreiten.

Betroffen sind Immobilien, die nach dem Ertrags- oder Sachwertverfahren bewertet werden. Durch eine Anpassung der Grundbesitzbewertung wird dieser Wert spürbar anwachsen. Der Freibetrag für Hinterbliebene könnte eher ausgeschöpft sein.

Wer ab dem Jahr 2023 eine Immobilie erbt, sollte sich auf eine stärkere Belastung durch die Erbschaftsteuer einstellen.

Patientenverfügung

Jeder Mensch hat das Recht zu entscheiden, ob und welche medizinischen Maßnahmen für ihn durchgeführt werden sollen. Für jede Behandlung brauchen Ärzte die Zustimmung des Patienten. Das gilt für den Beginn wie für die Fortführung einer Therapie. Wenn Sie entscheidungsfähig sind, geben Sie Ihre Zustimmung oder Sie verweigern die Behandlung.

Was passiert, wenn man nicht mehr in der Lage ist, seinen Willen zu äußern?

In diesem Fall wird ein anderer über das „ob" und „wie" der ärztlichen Behandlung entscheiden. Wer das vermeiden will, muss mit einer Patientenverfügung vorsorgen. Damit werden die Wünsche geregelt, wenn jemand durch Krankheit, Unfall oder Demenz entscheidungsunfähig ist. Man legt selbst fest, ob bei einem konkret beschriebenen Krankheitszustand bestimmte medizinische Maßnahmen zu ergreifen oder zu unterlassen sind. Die Patientenverfügung richtet sich in erster Linie an die Ärztin bzw. den Arzt und das Behandlungsteam.

Die Konsequenzen der Entscheidung sind genau zu überdenken. Zu berücksichtigen ist, dass Voraussagen zum Ergebnis medizinischer Maßnahmen und zu eventuellen Folgeschäden schwer möglich sind. Wenn man sich gegen eine bestimmte Behandlung entscheidet, verzichtet man unter Umständen auf ein Weiterleben. Umgekehrt kann die Chance weiterzuleben, möglicherweise Abhängigkeit und Fremdbestimmung bedeuten. Es ist zu empfehlen, ggf. mit dem Hausarzt und mit nahestehenden Personen zu sprechen. Bei Unklarheiten kann man sich fachkundigen Rat einholen, z.B. bei einem Fachanwalt für Erbrecht oder Notar.

Der mit einer Patientenverfügung festgelegte Wille sollte im Ernstfall von einer Person des Vertrauens vertreten werden. Die Vertrauensperson sollte eine Kopie der Patientenverfügung erhalten, damit sie die gewünschten Entscheidungen sicher vertreten kann.

Wird keine Vollmacht erteilt, hat im Bedarfsfall das Betreuungsgericht (Württemberg: der zuständige Notar) einen Betreuer zu bestellen. Er trifft dann die notwendigen Entscheidungen, ist jedoch verpflichtet, die Patientenverfügung zu beachten.

Urteile des Bundesgerichtshofs von 2016 – 2021 stellten u.a. klar:
Patientenverfügungen sind im Hinblick auf den Abbruch lebenserhaltender Maßnahmen präzise zu formulieren. Allgemeine Anweisungen reichen nicht aus.
Bindend ist die Patientenverfügung nur dann, wenn konkrete ärztliche Maßnahmen formuliert sind, in die der Betroffene einwilligt bzw. nicht einwilligt. Gegebenenfalls kann es sinnvoll sein, sich von einem Arzt oder einer anderen fachkundigen Person oder Organisation beraten zu lassen.

Welche Form muss die Patientenverfügung haben?

Die gesetzliche Regelung sieht vor, dass eine Patientenverfügung schriftlich verfasst und eigenhändig unterschrieben ist. Sie kann auch mit Hilfe eines Notars z.B. im Zusammenhang mit einer Vorsorgevollmacht errichtet werden. Im eigenen Interesse sollte die Patientenverfügung in bestimmten Zeitabständen (z.B. jährlich) überprüft und erforderlichenfalls aktualisiert werden. Die einmal festgelegten Behandlungswünsche sollte man anhand neuer Erkenntnisse oder einer veränderten Einstellung überdenken, ggf. konkretisieren bzw. ändern.

Betreuungsverfügung

Das Betreuungsgericht kann für eine Person die gesetzlich geregelte Betreuung anordnen und einen Betreuer bestimmen. Die Betreuung wird angeordnet, wenn die betroffene Person körperlich, seelisch oder geistig so schwer erkrankt oder so behindert ist, dass sie ihre Angelegenheiten nicht mehr selbst regeln kann. In diesem Fall entscheidet ein Betreuer. Sinnvoll ist, selbst eine Vertrauensperson als Betreuer zu bestimmen. Dazu ist eine Betreuungsverfügung notwendig.

Hinweis:
Seit dem 01.01.2023 gilt ein neues Betreuungsrecht.
In § 1358 BGB „Gegenseitige Vertretung von Ehegatten in Angelegenheiten der Gesundheitssorge" wird die gegenseitige Vertretung von Ehegatten in Angelegenheiten der Gesundheitssorge neu geregelt. Es geht um ein zeitlich begrenztes „Notvertretungsrecht", wenn die Ehegatten keine Regelungen dazu getroffen haben.

Was ist mit einer Betreuungsverfügung zu regeln?

Sofern keine Vorsorgevollmacht erteilt wurde, ist es sinnvoll, selbst eine Vertrauensperson als Betreuer zu benennen und für diese Person Anweisungen festzulegen. Die Vertrauensperson hat die Wünsche zu beachten, zu respektieren und – wenn nötig – durchzusetzen. Zum Beispiel den Wunsch, wo man später wohnen möchte und wie man sich im Alter ggf. die Pflege vorstellt. Die Aufgaben überträgt das Betreuungsgericht dem Betreuer.

Der Betreuer kann vom Betreuungsgericht nur für die Aufgaben eingesetzt werden, für die eine Betreuung tatsächlich notwendig ist.

In einer Betreuungsverfügung sind z.B. folgende Bereiche zu regeln:

Vermögensangelegenheiten
- Soll der bisherige Lebensstandard beibehalten und notfalls das Vermögen aufgebraucht werden?
- Was soll ggf. mit dem Immobilienbesitz geschehen?

··· Wie soll das Gesamtvermögen und/oder das Wertpapier-
depot verwaltet werden?

Wohnungsangelegenheiten
··· Möchte man bis zum Tod in der eigenen Wohnung leben?
(Vorausgesetzt, die Versorgung, Betreuung und Pflege
sind gesichert.)
··· In welcher Einrichtung möchte man wohnen, falls eine
Heimunterbringung unvermeidbar wird?
··· Wie soll das Gesamtvermögen und/oder das Wertpapier-
depot verwaltet werden?

Welche Auswirkungen hat eine Betreuung?

Einen Betreuer oder eine Betreuerin zu bestellen, ist keine
Entmündigung. Der Betroffene wird nicht geschäftsunfähig.
Es geht um die Frage: Kann der Betroffene das Wesen, die
Bedeutung und Tragweite seiner Entscheidungen einsehen
und sein Handeln danach ausrichten? Ist diese Einsicht
nicht mehr vorhanden, ist die Person – unabhängig von der
Betreuerbestellung – geschäftsunfähig (§ 104 Nr. 2 BGB).

Das Gericht kann für einzelne Angelegenheiten einen Einwilligungsvorbehalt anordnen. Dieser führt zu einer Beschränkung der Geschäftsfähigkeit oder sogar zu einer Geschäftsunfähigkeit.

Ohne Mitwirkung des Betreuers und notfalls Genehmigung des Betreuungsgerichts sind Rechtsgeschäfte des Betroffenen unwirksam.

Geringfügige Geschäfte des täglichen Lebens sind davon ausgenommen. Einen Einwilligungsvorbehalt ordnet das Gericht an, wenn eine erhebliche Gefahr besteht, dass der Betreute sich selbst oder sein Vermögen schädigt.

Der Betreuer (wie auch der rechtsgeschäftliche Bevollmächtigte) kann bei „höchstpersönlichen Angelegenheiten" nicht für den Betroffenen handeln. Zum Beispiel bei einer Testamentserrichtung, Heirat oder der Ausübung des Wahlrechts.

Wie lange dauert eine gesetzliche Betreuung?

Einen Betreuer zu bestellen oder einen Einwilligungsvorbehalt aufrecht zu erhalten ist nur so lange möglich, wie dies im Interesse des Betroffenen notwendig ist. Entfallen die Voraussetzungen, muss die Betreuung von Amts wegen aufgehoben werden.

Der Betreuer oder der Betroffene kann jederzeit mit dem Vormundschaftsgericht Kontakt aufnehmen, um die Betreuung aufzuheben. Spätestens nach fünf Jahren ist zu entscheiden, ob die Betreuung von Amts wegen aufgehoben oder verlängert wird.

Versicherungen für die Altersvorsorge

Private Rentenversicherung

Vorteile: Garantierte Altersrente auf Lebenszeit. Steuerbegünstigte Leistung.

Fondsgebundene Rentenversicherung

Vorteile: Lebenslange Rente und Kapitalauszahlung. Rentenbeginn flexibel wählbar. Verbindet renditestarke Investmentfonds.

Betriebliche Altersvorsorge

Vorteile: Spart Steuern und Sozialabgaben. Übertragung bei Ausscheiden bzw. Arbeitgeberwechsel ist möglich.

Direktversicherung

Vorteile: Rentenbeginn ab Vollendung des 62. Lebensjahres flexibel zu gestalten. Ansprüche bei Entgeltumwandlung ab Vertragsbeginn unverfallbar. Wahl zwischen Rentenzahlung oder Kapitalleistung möglich.

Unterstützungskasse

Vorteile: Beiträge sind unbegrenzt lohnsteuerfrei. Lohnnebenkosten werden gesenkt durch Einsparung von Sozialversicherungsbeiträgen.

Basisrente bzw. Rürup-Rente

Vorteile: Steuerlich begünstigt. Günstige Alternative für Personen, die in der Ansparphase ein höheres steuerpflichtiges Einkommen haben.

Riester-Rente

Vorteile: Staatliche Förderung.

Berufsunfähigkeits-Versicherung

Vorteile: Die Versicherung hilft, finanzielle Lücken zu schließen, wenn aus gesundheitlichen Gründen die berufliche Tätigkeit nicht mehr ausgeübt werden kann.

Private Pflegeversicherung

Vorteile: Ein Pflegefall bedeutet eine große finanzielle Belastung. Die gesetzliche Versorgung deckt nur einen geringen Teil davon ab. Eine private Vorsorge kann diese Lücke schließen.

Klassische Lebensversicherung

Vorteile: Sie bietet Versicherungsschutz für die Familie im Todesfall oder bei Ablauf der vereinbarten Vertragslaufzeit eine Kapitalzahlung um Rentenlücken zu schließen.

Gesund bleiben

Früherkennungs-Untersuchungen für Erwachsene

Typ 2-Diabetes, Nierenerkrankungen oder Herzprobleme –
all diese Erkrankungen können behandelt werden, wenn sie
frühzeitig erkannt werden. Gesetzlich Versicherte haben
Anspruch auf regelmäßige Gesundheitsuntersuchungen,
die von den gesetzlichen Krankenkassen bezahlt werden.

Frauen, Männer, Divers im Alter von 18 bis 34 Jahren einmalig, ab 35 Jahren alle drei Jahre	Untersuchung
Check-up zur Erfassung von Gesundheitsrisiken und zur Früherkennung von häufig auftretenden Krankheiten, insbesondere von Herz-Kreislauf-Erkrankungen, Nierenerkrankungen und Diabetes mellitus	**1. Anamnese** (z.B. Fragen nach Beschwerden), insbesondere die Erfassung des Risikoprofils (Rauchen, Übergewicht, familiäre [Krebs-]Risiken etc.), Überprüfung des Impfstatus **2. körperliche Untersuchung** (Ganzkörperstatus) einschließlich Messung des Blutdrucks **3. Laboruntersuchung** a) aus dem Blut (ab 35 Jahren; bei 18- bis 34-Jährigen erfolgt eine Laboruntersuchung bei entsprechendem Risikoprofil): – Lipidprofil (z.B. Cholesterin) – Glukose b) aus dem Urin (nur ab 35 Jahren): – Eiweiß – Glukose – rote und weiße Blutkörperchen – Nitrit **4. Beratung über die Untersuchungsergebnisse und – sofern medizinisch angezeigt – ggf. Ausstellen einer Präventionsempfehlung** (z.B. Kurse zur Bewegung, Ernährung, Stressbewältigung oder Suchtmittelkonsum). Das Hautkrebs-Screening kann ggf. in Verbindung mit dem Check-up durchgeführt werden.

5. Im Rahmen des Check-up besteht einmalig auch der Anspruch auf ein Screening auf eine Hepatitis-B- und Hepatitis-C-Virusinfektion (ab 35 Jahren).

Manner
ab 65 Jahren einmalig

Ultraschalluntersuchung zur Früherkennung eines Bauchaorten-Aneurysmas (Erweiterung der Bauchschlagader)

(Quelle: Bundesgesundheitsministerium, Stand 23.09.2022)